# KROK ZA KROKOM
# POLIEVKOVÁ KNIHA

100 CHUTNÝCH RECEPTOV NA KAŽDÚ SEZÓNU

Matej Sidor

## Všetky práva vyhradené.

## Vylúčenie zodpovednosti

Informácie obsiahnuté v tomto eBooku majú slúžiť ako komplexná zbierka stratégií, o ktorých autor tohto eBooku robil prieskum. Zhrnutia, stratégie, tipy a triky odporúča iba autor a čítanie tejto e-knihy nezaručí, že výsledky budú presne odzrkadľovať autorove výsledky. Autor eKnihy vynaložil všetko primerané úsilie, aby poskytol aktuálne a presné informácie pre čitateľov eKnihy. Autor a jeho spolupracovníci nenesú zodpovednosť za žiadne neúmyselné chyby alebo opomenutia, ktoré môžu byť zistené. Materiál v eKnihe môže obsahovať informácie od tretích strán. Materiály tretích strán obsahujú názory vyjadrené ich vlastníkmi. Ako taký, autor eKnihy nepreberá zodpovednosť ani neručí za žiadny materiál alebo názory tretích strán. Či už z dôvodu rozvoja internetu alebo nepredvídaných zmien v politike spoločnosti a usmerneniach na predkladanie redakčných príspevkov, to, čo je uvedené ako fakt v čase písania tohto článku, môže byť neskôr neaktuálne alebo nepoužiteľné.

Elektronická kniha je chránená autorským právom © 202 2 so všetkými právami vyhradenými. Je nezákonné redistribuovať, kopírovať alebo vytvárať odvodené diela z tejto eKnihy, či už v celku alebo po častiach. Žiadna časť tejto správy nesmie byť reprodukovaná ani opakovane prenášaná v akejkoľvek forme alebo v akejkoľvek forme bez písomného vyjadrenia a podpísaného súhlasu autora.

# OBSAH

OBSAH ............................................................................................... 3
ÚVOD ................................................................................................ 7
1. Fazuľová a chorizo polievka ........................................................ 8
2. Rybacia polievka ...................................................................... 11
3. Králičia polievka v paradajke .................................................... 14
4. polievka kešu zelenina .............................................................. 17
5. Šošovicová polievka Quinoa ..................................................... 20
6. polievka z bravčového mäsa a fialové sladké zemiaky ............. 23
7. arménska polievka .................................................................... 26
8. Polievka z morských plodov Baja ............................................. 28
9. Špargľa a hubová polievka ....................................................... 31
10. Polievka z hovädzieho mäsa a tequily .................................... 34
11. Írska jahňacia polievka ........................................................... 37
12. Írska polievka z morských plodov .......................................... 40
13. Hovädzie mäso a polievka Guinness ...................................... 43
14. Slepačia polievka s haluškami ................................................ 47
15. Squash & Fazuľová polievka ................................................... 51
16. Kokosová polievka zo sladkých zemiakov .............................. 54
17. Krémová brokolicová polievka ................................................ 57
18. Krémová kapustová polievka .................................................. 60
19. C kuracia polievka a quinoa .................................................... 62
20. Šošovicová a fazuľová polievka .............................................. 65
21. Polievka z bielej fazule a kelu .................................................. 68
22. Kuracia a zeleninová polievka ................................................. 71
23. Krém z kapusty ....................................................................... 73
24. Polievka z koralovej šošovice a švajčiarskeho mangoldu ...... 76
25. Jesenná tekvicová polievka .................................................... 79
26. Jačmenná zeleninová polievka ............................................... 82
27. Maslová tekvica a šošovicová polievka ................................. 85
28. Biela fazuľová polievka ........................................................... 88

29. Cestoviny a fagioli..........................................................................91
30. Mäsová guľa a polievka Tortellini..................................................94
31. Kuracia Marsala.............................................................................97
32. Ryba a polievka Chorizo..............................................................100
33. španielska Ratatouille.................................................................103
34. Gazpacho....................................................................................106
35. Chobotnice a ryža.......................................................................109
36. Repná polievka na spôsob Ukrajiny...........................................112
37. Ukrajinský boršč s uhorkou a citrónom......................................116
38. Kyslá kyslá polievka....................................................................119
39. Boršč............................................................................................121
40. Jahodová / čučoriedková polievka.............................................123
41. Kapustová polievka.....................................................................125
42. Zeleninová polievka....................................................................127
43. Paradajková polievka..................................................................129
44. Nakladaná polievka....................................................................131
45. Kyslá ražná polievka...................................................................134
46. Chladená repná polievka...........................................................136
47. Ovocná polievka..........................................................................139
48. Zemiaková polievka....................................................................141
49. Citrónová polievka......................................................................144
50. Špargľová polievka......................................................................146
51. Kalerábová polievka...................................................................148
52. Ukrajinská fazuľová polievka.....................................................151
53. Go Green Soup............................................................................154
54. Thajské kokosové kari Ramen....................................................157
55. Mikrozelená polievka s pečenou brokolicou............................160
56. Paradajková polievka..................................................................163
57. Seitan Mulligatawny polievka....................................................166
58. Korenená zelená polievka..........................................................170
59. Paradajková a tamarindová polievka........................................173
60. Paradajková polievka Stock.......................................................176
61. Zázvorová polievka.....................................................................178
62. Zázvorová sójová mliečna polievka...........................................180
63. Tonyu vývar..................................................................................182
64. Miso vývar....................................................................................184

65. Dashi vývar..................................................................187
66. Tonkotsu vývar...........................................................189
67. Shoyu vývar...............................................................193
68. Shio vývar..................................................................196
69. Vegánsky dashi vývar.................................................199
70. Vegetariánsky vývar Kotteri........................................201
71. Umami zeleninový vývar.............................................204
72. Priehľadná cibuľová polievka......................................207
73. Detská ramen polievka................................................210
74. Nori rezancová polievka..............................................213
75. Ramen sezamová polievka..........................................216
76. Ramenový krém a huba...............................................219
77. Rezancová kari polievka..............................................221
78. Japonská hubová rezancová polievka.........................224
79. Kuracie rezancová polievka........................................226
80. Bravčová polievka Ramen...........................................229
81. Jednoduchá hovädzia polievka Ramen.......................232
82. Rybia polievka Ramen.................................................235
83. Krevetová rezancová polievka....................................238
84. Ramen polievka s hubami...........................................240
85. Hubová polievka Ramen..............................................242
86. Tekvicové kari s pikantnými semienkami...................245
87. Tamarind Fish Curry...................................................247
88. Losos v kari s príchuťou šafranu................................250
89. Okra Curry..................................................................252
90. Zeleninové kokosové kari...........................................254
91. Základné zeleninové kari............................................256
92. Black Eye fazuľa a kokosové kari...............................259
93. Kapustové kari............................................................262
94. Karfiolové kari............................................................264
95. Karfiol a zemiakové kari.............................................266
96. Zemiakové, karfiolové a paradajkové kari.................271
97. Tekvicové kari.............................................................273
98. Smažte zeleninu..........................................................276
99. Paradajkové kari.........................................................278
100. Kari z bielej tekvice...................................................281

ZÁVER……………………………………………………………………………….283

# ÚVOD

Voľne polievka je tekuté jedlo, kde sa prísady ako zelenina, mäso alebo strukoviny (alebo akákoľvek kombinácia týchto troch) varia vo vode, vývare alebo vývare, aby sa spojili a zlepšili chuť jedla. Existuje mnoho druhov polievok, od krémovej polievky až po pyré, ale hlavnou charakteristikou polievky je, že je v nej veľa tekutiny. Viete, že máte polievku, ak ju musíte jesť lyžičkou a podávať v miske alebo šálke. Alebo misku na domáci chlieb.

1. Fazuľová a chorizo polievka

Porcie : 3

**Ingrediencie :**

- 1 mrkva (nakrájaná na kocky)
- 3 polievkové lyžice olivového oleja
- 1 stredne veľká cibuľa
- 1 červená paprika
- 400 g sušených fazuľových fazúľ
- 300 gramov klobásy Chorizo
- 1 zelená paprika
- 1 šálka petržlenovej vňate (nasekaná)
- 300 g paradajok (nakrájaných na kocky)
- 2 šálky kuracieho vývaru
- 300 gramov kuracích stehien (filé)
- 6 strúčikov cesnaku
- 1 stredne veľký zemiak (nakrájaný na kocky)
- 2 polievkové lyžice tymianu
- 2 polievkové lyžice soli podľa chuti
- 1 polievková lyžica korenia

**Pokyny :**

a) V panvici nalejte rastlinný olej. Vhoďte cibuľu. Nechajte 2 minúty vyprážať na strednom ohni.

b) Vo veľkej mise zmiešajte cesnak, mrkvu, papriku, chorizo a kuracie stehná. Nechajte 10 minút na varenie.

c) Pridajte tymián, kurací vývar, fazuľu, zemiaky, paradajky, petržlenovú vňať a dochuťte soľou a korením.

d) Varte 30 minút, alebo kým fazuľa nezmäkne a polievka nezhustne.

2. Rybacia polievka

Porcie: 8

**Ingrediencie :**

- 32 oz. na kocky nakrájané paradajky
- 2 polievkové lyžice olivového oleja
- ¼ šálky nakrájaného zeleru
- ½ šálky rybieho vývaru
- ½ šálky bieleho vína
- 1 šálka pikantnej šťavy V8
- 1 nakrájanú zelenú papriku
- 1 nakrájanú cibuľu
- 4 nasekané strúčiky cesnaku
- Papriku podľa chuti osolíme
- 1 lyžička talianskeho korenia
- 2 ošúpané a nakrájané mrkvy
- 2 ½ lb. rozrezaná tilapia
- ½ lb. ošúpaných a zbavených kreviet

**Pokyny** :

a) Vo veľkom hrnci najskôr zohrejte olivový olej.

b) Papriku, cibuľu a zeler varte 5 minút na horúcej panvici.

c) Po tom pridajte cesnak. Potom varte 1 minútu.

d) Vo veľkej miske zmiešajte všetky zvyšné ingrediencie okrem morských plodov.

e) Varte polievku 40 minút na miernom ohni.

f) Pridajte tilapiu a krevety a premiešajte, aby sa spojili.

g) Varte ďalších 5 minút.

h) Pred podávaním ochutnajte a upravte korenie.

3. Králičia polievka v paradajke

Porcie : 5

**Ingrediencie :**

- 1 plný králik , nakrájaný na kúsky
- 1 bobkový list
- 2 veľké cibule
- 3 strúčiky cesnaku
- 2 polievkové lyžice olivového oleja
- 1 polievková lyžica sladkej papriky
- 2 vetvičky čerstvého rozmarínu
- 1 konzerva paradajok
- 1 vetvička tymiánu
- 1 šálka bieleho vína
- 1 polievková lyžica soli

a) 1 polievková lyžica korenia

**Pokyny :**

a) Na panvici zohrejte olivový olej na stredne vysokej teplote.

b) Predhrejte olej a pridajte kúsky králika. Smažte, kým kúsky nie sú rovnomerne hnedé.

c) Po dokončení ho odstráňte.

d) Pridajte cibuľu a cesnak do tej istej panvice. Varte, kým nie je úplne mäkký.

e) Vo veľkej mise zmiešajte tymián, papriku, rozmarín, soľ, korenie, paradajky a bobkový list. Nechajte 5 minút na varenie.

f) Pridajte kúsky králika s vínom. Varte prikryté 2 hodiny, alebo kým sa kúsky králika neuvaria a omáčka nezhustne.

g) Podávame s opečenými zemiakmi alebo toastom.

## 4. polievka kešu zelenina

Porcie: 3

## INGREDIENCIE:

1½ šálky ružičiek brokolice

1½ šálky malých ružičiek karfiolu

2 lyžice olivového oleja

1 veľká nakrájaná cibuľa

1/4 lyžičky čerstvého zázvoru, strúhaného

2 strúčiky cesnaku, mleté

Štipka soli

Štipka čierneho korenia

2 šálky zeleninového vývaru

1 lyžička rascového prášku

1 lyžička kajenského korenia

1 polievková lyžica čerstvo vylisovanej citrónovej šťavy

1 lyžička čerstvej citrónovej kôry, strúhanej

1 libra kešu orieškov

## INŠTRUKCIE:

Vo veľkom hrnci na polievku rozohrejeme olej a cibuľku restujeme asi 3-4 minúty.

Pridajte cesnak, zázvor a korenie a restujte asi 1 minútu.

Priveďte do varu s 1 šálkou vývaru.

Pridajte zeleninu a znova prevarte.

Varte za občasného miešania 15 až 20 minút pod pokrievkou.

Po pridaní citrónovej šťavy odstráňte z tepla.

Podávame horúce s kešu orieškami a citrónovou kôrou.

**VÝŽIVA:** Kalórie: 425| Tuky: 32g | Sacharidy: 27,6 g | Vláknina: 5,2g | Cukry: 7,1g | Bielkoviny: 13,4 g

## 5. Šošovicová polievka Quinoa

Porcie: 6

**INGREDIENCIE:**

1 lyžica kokosového oleja

1 žltá cibuľa, nakrájaná

4 strúčiky cesnaku, mleté

3 stonky zeleru

3 mrkvy, olúpané a nakrájané

4 šálky paradajok, nakrájané

1 šálka červenej šošovice, prepláchnutá a scedená

½ šálky sušenej quinoa, opláchnutá a odkvapkaná

1 lyžička prášku červenej papriky

5 šálok zeleninového vývaru

2 šálky čerstvého špenátu, nakrájaného

Soľ a mleté čierne korenie

1½ lyžičky rascového prášku

INŠTRUKCIE:

Na panvici rozohrejeme olej a opražíme zeler, cibuľu a mrkvu asi 4-5 minút.

Po pridaní cesnaku restujte asi 1 minútu.

Zvyšné ingrediencie priveďte do varu, okrem špenátu.

Znížte teplotu na minimum a prikryté varte asi 20 minút.

Po pridaní špenátu dusíme 3-4 minúty.

Primiešame soľ a čierne korenie a odstavíme z ohňa.

6. polievka z bravčového mäsa a fialové sladké zemiaky

Výťažok: 1 porcia

Zložka

- ¾ libry vykostené bravčové karé; nakrájame na 1 kus
- 1 emerilovú esenciu
- 2,00 lyžice olivového oleja
- 1,00 šálky nakrájanej cibule
- ½ šálky nakrájanej papriky
- ¼ šálky nakrájaného zeleru
- 1 soľ; ochutnať
- 1 čerstvo mleté čierne korenie; ochutnať
- 2,00 lyžice múky
- 1,00 libry fialové sladké zemiaky; olúpané, nakrájané na kocky
- 2,00 šálky teľacieho vývaru
- ¼ šálky nakrájanej zelenej cibule
- 1,00 šálka strúhaných sladkých zemiakov
- 2,00 lyžice nakrájanej zelenej cibule

- 1,00 lyžičky brunoisovej červenej papriky

V miske premiešajte bravčové kúsky s Emeril's Essence. Vo veľkej panvici zohrejte olivový olej. Keď je olej horúci, pridajte bravčové mäso a rovnomerne ho opečte. Vyberte bravčové mäso z panvice a odložte bokom. V miske ochutíme cibuľou, paprikou a zelerom soľ a korenie. Do oleja za stáleho miešania vmiešame múku asi 4 až 5 minút, čím vznikne stredne hnedá zápražka. Pridajte cibuľu, papriku a zeler do zápražky a varte asi 2 až 3 minúty alebo do mierneho zvädnutia. Vráťte bravčové mäso na panvicu a varte za stáleho miešania 3 až 4 minúty. Pridajte sladké zemiaky a vývar.

Tekutinu priveďte do varu a zredukujte na mierny var. Varte 40 až 45 minút. Vmiešajte zelenú cibuľku a skontrolujte korenie. Vytvorte hniezda s nastrúhaným sladkým zemiakom a opečte do chrumkava. Sezóna s Esenciou. Lyžicou nalejte polievku do plytkej misky a ozdobte hniezdami zo sladkých zemiakov, zelenou cibuľkou a paprikou. Tento recept dáva ?? recepty.

7. arménska polievka

Výťažok: 4 porcie

Zložka

- 1½ šálky namočených sušených marhúľ
- ½ šálky vody na 1 hodinu.
- ½ šálky namočenej sušenej fazule Garbanzo
- Noc vo vode
- 5 šálok vody
- 1 šálka šošovice
- 3 cibule nakrájané na plátky
- 2 polievkové lyžice sladového sirupu alebo melasy

a) na veľkej panvici priveďte namočené marhule a ich vodu do varu. pridajte namočené, odkvapkané fazule Garbanzo a 1 C. Voda. Priveďte do varu a varte 30 minút.

b) Pridajte šošovicu, cibuľu a 4 C. Voda do hrnca. Priviesť do varu.

c) Znížte teplotu, prikryte a varte asi 2 hodiny, kým Garbanzos nezmäknú.

d) Pridajte sladový sirup. Dobre premiešajte. Podávajte cez hnedú ryžu.

## 8. Polievka z morských plodov Baja

Výťažok: 6 porcií

Zložka

- ½ šálky cibule; Nasekaný, 1 stredný
- ½ šálky zelených čili; Nasekané
- 2 strúčiky cesnaku; jemne nasekaný
- ¼ šálky olivového oleja
- 2 šálky bieleho vína; Suché
- 1 lyžica pomarančovej kôry; Nastrúhaný
- 1½ šálky pomarančového džúsu
- 1 lyžica cukru
- 1 polievková lyžica koriandra; Čerstvé, strihané
- 1 čajová lyžička listov bazalky; Sušené
- 1 lyžička Soľ
- ½ lyžičky papriky
- ½ čajovej lyžičky listov oregana; Sušené
- 28 uncí talianskych slivkových paradajok
- 24 mäkkých lastúr; Vydrhnuté

- 1½ libry krevety; Raw, Shelled, Med.

- 1 libra ryby

- 6 uncí krabie mäso; Zmrazené


a) Cibuľu, čili a cesnak varte a miešajte na oleji v 6-litrovej holandskej rúre, kým cibuľa nezmäkne. Vmiešajte zvyšné ingrediencie okrem morských plodov.

b) Zahrejte do varu; znížiť teplo. Odkryté dusíme 15 minút. Pridajte mušle; zakryjeme a dusíme, kým sa mušle neotvoria, 5 až 10 minút. (Vyhoďte všetky mušle, ktoré sa neotvorili.)

c) Opatrne vmiešame krevety, ryby a krabie mäso. Zahrejte do varu; znížiť teplo. Prikryte a varte, kým krevety nie sú ružové a rybie vločky ľahko vidličkou, 4 až 5 minút.

## 9. Špargľa a hubová polievka

Výťažok: 4 porcie

Zložka

- ⅓ unce Sušené hríby
- 1 lyžica oleja
- 3 strúčiky cesnaku; mletý
- ½ libry húb; portobello alebo shitake, nasekané
- ½ šálky Sherry
- ½ lyžičky Soľ
- 1 libra Špargľa; 1" uhlopriečky
- 1 stredná červená paprika; julienned
- 1 lyžička kukuričného škrobu rozpustená
- 1 lyžica vody
- 1 lyžička octu z červeného vína
- Soľ a korenie; ochutnať

a) Sušené huby vložte do malej žiaruvzdornej misky a zalejte vriacou vodou. Nechajte lúhovať 15 minút. Medzitým na veľkej panvici zohrejte olej na strednom ohni.

b) Pridajte cesnak a čerstvé huby a za častého miešania varte, kým huby nezmäknú. Pridajte sherry, soľ a hubovú tekutinu. Pridajte špargľu, papriku a sušené huby. Dusíme odkryté, kým špargľa nezmäkne, asi 7 minút. Pridajte rozpustený kukuričný škrob a ocot. Zmes priveďte do varu a varte, kým mierne nezhustne, asi 30 sekúnd.

c) Špargľovú zmes podávajte na recept na bylinkovú quinou.

## 10. Polievka z hovädzieho mäsa a tequily

Výťažok: 6 porcií

Zložka

- 2 libry mäsa
- ¼ šálky nebielenej múky
- ¼ šálky rastlinného oleja
- ½ šálky cibule; Nasekaný, 1 stredný
- 2 každýes slanina; Plátky, nakrájajte
- ¼ šálky mrkvy; Nasekané
- ¼ šálky zeleru; Nasekané
- ¼ šálky tequily
- ¾ šálky paradajkovej šťavy
- 2 polievkové lyžice koriandra; Čerstvé, strihané
- 1½ lyžičky Soľ
- 15 uncí fazule Garbanzo; 1 plechovka
- 4 šálky paradajok; Nasekané, 4 Stredné
- 2 strúčiky cesnaku; jemne nasekaný

a) Hovädzie mäso obalíme múkou.

b) Zahrejte olej na 10-palcovej panvici, kým nebude horúci. Varte a miešajte hovädzie mäso na oleji na strednom ohni do hneda.

c) Hovädzie mäso vyberte dierovanou lyžicou a sceďte. Cibuľu a slaninu opečte a miešajte na tej istej panvici, kým slanina nebude chrumkavá. Vmiešame hovädzie mäso a zvyšné ingrediencie. zahriať do varu; znížiť teplo. Prikryjeme a dusíme, kým hovädzie mäso nezmäkne, asi 1 hodinu.

# 11. Írska jahňacia polievka

## Ingrediencie:

- 1-1½ kg alebo 3,5 libier jahňacieho krku alebo pliecka
- 3 veľké cibule, nakrájané nadrobno
- Soľ a čerstvo mleté čierne korenie
- 3-4 mrkvy, nakrájané na malé kúsky
- 1 pór, nakrájaný na malé kúsky
- 1 malá repa/švédka/rutabaga, nakrájaná na malé kúsky
- 10 malých nových zemiakov ošúpaných a nakrájaných na štvrtiny alebo 2 veľké zemiaky ošúpané a nakrájané
- 1/4 malej kapusty, nastrúhanej
- Kytica z petržlenu, tymiánu a bobkového listu – zviažte ju šnúrkou, ktorú môžete nechať
- Štipka worcesterskej omáčky

## Inštrukcie:

a) Môžete požiadať svojho mäsiara, aby odrezal mäso od kosti a orezal tuk, ale kosti si ponechajte alebo to urobte doma. Zbavte sa tuku a mäso nakrájajte na kocky. Mäso vložíme do hrnca naplneného studenou osolenou vodou a spolu s mäsom privedieme do varu. Keď sa to uvarí, odstráňte ho z ohňa a sceďte, opláchnite jahňacinu, aby ste odstránili všetky zvyšky.

b) Kým sa to varí, vložte kosti, cibuľu, zeleninu, ale nie zemiaky alebo kapustu do nového hrnca. Pridajte korenie a kyticu byliniek a podlejte studenou vodou. Keď je mäso opláchnuté, pridajte ho do hrnca a varte jednu hodinu. Penu budete musieť z času na čas odstraňovať.

c) Po hodine pridajte zemiaky a pokračujte vo varení polievky 25 minút. Pridajte zemiaky a pokračujte vo varení 25 minút. Počas posledných 6-7 minút varenia pridajte kapustu.

d) Keď je mäso mäkké a rozpadáva sa, odstráňte kosti a bylinkový buket. V tomto bode ochutnajte polievku a potom pridajte worcestrovú omáčku podľa chuti a potom podávajte.

## 12. Írska polievka z morských plodov

## Ingrediencie:

- 4 malé filety merlúzy asi 1 lb/500 g
- 2 filety z lososa, ako je uvedené vyššie
- 1 kus údenej ryby približne 1/2 lb/250 g
- 1 polievková lyžica rastlinného oleja
- 1 lyžička masla
- 4 zemiaky
- 2 mrkvy
- 1 cibuľa
- 500 ml/ 2,25 šálky rybieho alebo kuracieho vývaru
- 2 lyžice sušeného kôpru
- 250 ml/1 šálka smotany
- 100 ml/1/2 šálky mlieka
- 4 lyžice nadrobno nakrájanej pažítky

## Inštrukcie:

a) Zemiaky ošúpeme a nakrájame na malé kocky. So šupkou z mrkvy a nakrájajte na menšie kocky ako zemiaky.

b) Odstráňte kožu z ryby, ak existuje a nakrájajte na veľké kúsky, počas varenia sa rozpadne.

c) Vložte olej a maslo do hlbokého hrnca a jemne opečte cibuľu, zemiaky, kôpor a mrkvu asi 5 minút. Nalejte vývar do panvice a varte 1 minútu.

d) Vezmite pokrievku hrnca a pridajte smotanu a mlieko a potom ryby. Jemne dusíme (nevaríme), kým sa ryba neuvarí.

e) Podávajte s ozdobou z petržlenovej vňate a s trochou vášho domáceho pšeničného chleba.

## 13. Hovädzie mäso a polievka Guinness

**Ingrediencie:**

- 2 polievkové lyžice. oleja
- 1 kg rebierka, dobre orezaného a nakrájaného na kocky
- 2 cibule, nakrájané na tenké plátky
- 2 strúčiky cesnaku, nasekané
- 1 polievková lyžica. jemný tmavohnedý cukor
- 1 lyžica hladkej múky
- 125 ml Guinness
- 125 ml vody
- Vetvička tymiánu
- 1 lyžica červeného vínneho octu
- 1 polievková lyžica horčice na dijonský spôsob
- Štipka mletých klinčekov
- Soľ a čierne korenie
- 1 kg zemiakov ošúpaných a nakrájaných na stredne veľké kúsky
- 250 g nakrájanej kapusty
- 100 ml mlieka

- 100 g masla
- Soľ a čerstvo mleté čierne korenie

**Inštrukcie:**

a) Predhrejte rúru na 160 °C (325 °F). Počas zahrievania nalejte trochu oleja do panvice a opečte hovädzie mäso, uistite sa, že každý kus je zo všetkých strán uzavretý.

b) Mäso vyberte a odstavte, pridajte cibuľu a cesnak a pár minút restujte, potom prisypte múku a cukor. Dobre to premiešajte, aby nasiakla všetka šťava na panvici a potom za stáleho miešania postupne pridávajte Guinness.

c) Keď je všetko dobre zapracované a hladké, pridajte ocot, horčicu, klinčeky, korenie a tymian a priveďte do varu. Vložte mäso do kastróla a potom ho pridajte do misky.

d) Zapekaciu misu prikryjeme a pečieme v rúre 1 1/2 hodiny, kým mäso nezmäkne.

e) Pridajte tymián, vínny ocot, horčicu, mleté klinčeky a korenie; privedieme do varu a zalejeme ním mäso v rajnici. Prikryjeme pokrievkou a pečieme v rúre $1\frac{1}{2}$ hodiny alebo kým mäso nezmäkne. Asi 20 minút pred koncom varenia pridáme do kastróla kapustu a zemiaky a ďalej varíme.

f) Podávame, keď je mäso mäkké, ako obmenu môžeme vynechať zemiaky a podávať ich ako kašu s polievkou poliatou navrchu.

## 14. Slepačia polievka s haluškami

Podáva 4

Ingrediencie

- 1 kurča, nakrájané na 8 kusov
- 15 g/. oz (2 polievkové lyžice) hladkej (univerzálnej) múky
- 2 lyžice repkového (kanolového) oleja
- 15 g/. oz (1 polievková lyžica) masla
- 1 cibuľa, nakrájaná
- 4 lístky šalvie
- vetvička rozmarínu a tymiánu
- 2 mrkvy, nakrájané
- 250 ml/8 fl oz (1 šálka) cider (tvrdý cider)
- 1 liter/34 fl oz (4 šálky) kuracie mäso
- vývar (vývar)
- 1 lyžička morskej soli
- čerstvo mleté čierne korenie
- nasekaná plochá petržlenová vňať na ozdobu Na halušky
- 350 g (2. šálky) hladkej (univerzálnej) múky, preosiatej

- 50 g studeného masla, strúhaného
- 1 lyžička prášku do pečiva
- 350 ml/12 fl oz (1. šálky) mlieka
- morská soľ

Metóda

a) Kuracie kúsky ochutíme všetkou soľou a trochou korenia a obalíme v múke.

b) Vo veľkej panvici alebo zapekacej mise (holandská rúra) na stredne vysokej až vysokej teplote rozohrejte olej a opečte kuracie kúsky po dávkach asi 5 minút, kým nie sú po celom povrchu zlatisté. Kuracie mäso odstavte a vymažte panvicu.

c) Na panvici rozpustíme maslo a pridáme cibuľu, šalviu, rozmarín a tymián. Smažte 3-4 minúty, kým cibuľa nezmäkne, potom pridajte mrkvu. Panvicu zlejte jablčným muštom a priveďte do varu.

d) Kuracie mäso so šťavou vrátime do panvice a podlejeme vývarom (vývarom). Dusíme na miernom až miernom ohni asi 25 – 30 minút, kým kura nie je upečené bez známok ružovej farby a šťava nevytečie.

e) Medzitým, aby ste vytvorili knedle, zmiešajte múku a maslo v miske s práškom do pečiva a soľou. Pridajte mlieko, aby ste vytvorili sypké cesto. Na posledných 5–10 minút varenia pridajte polievkové lyžice knedľovej zmesi na panvicu s kuracím mäsom, pričom v polovici knedle otočte, aby sa uvarili z oboch strán.

f) Pridajte petržlenovú vňať a podávajte.

# 15. Squash & Fazuľová polievka

Výťažok: 4 porcie

Ingrediencie:

- 1 stredná maslová tekvica
- 1 lyžica olivového oleja
- 1 stredne sladká cibuľa, nakrájaná na kocky
- 2 strúčiky cesnaku, mleté
- 4 šálky zeleninového vývaru s nízkym obsahom sodíka
- 1/4 lyžičky čierneho korenia
- 1/4 lyžičky mletého muškátového oriešku
- 1/8 lyžičky soli
- 1, 15-uncová plechovka bielej fazule s nízkym obsahom sodíka, scedíme a prepláchneme

Inštrukcie:

a) Tekvicu pripravíme tak, že odrežeme konce a olúpeme ju. Po rozrezaní na polovicu vyberte semená. Tekvicu nakrájanú na malé kocky odložíme.

b) Vo veľkom hrnci s vysokými stenami zohrejte olivový olej. Cibuľu a cesnak restujte 3-4 minúty alebo do zmäknutia.

c) Skombinujte tekvicu, biele fazule a zeleninový vývar vo veľkej mise. Prikryté priveďte do varu.

d) Znížte teplotu na minimum a varte 15-20 minút. Dochutíme soľou, korením a muškátovým oriešokom.

e) Odstráňte z tepla a odstavte na 10 minút vychladnúť. Nalejte polovicu polievky do mixéra a odstráňte strednú časť veka, aby mohla uniknúť para. Miešajte, kým nebude úplne hladká.

f) Opakujte so zvyšnou polovicou polievky a potom všetko zmiešajte. Podávajte a bavte sa!

## 16. Kokosová polievka zo sladkých zemiakov

Výťažok: 4 porcie

Ingrediencie:

- 1 1/2 lyžice olivového oleja, rozdelené
- 1 malá cibuľa Vidalia, nakrájaná na kocky
- 3 strúčiky cesnaku, mleté
- 1 veľký sladký zemiak, ošúpaný a nakrájaný na kocky
- 2 lyžice kari
- 1/4 lyžičky soli
- 1/4 lyžičky čierneho korenia
- 1/8 čajovej lyžičky kajenského korenia (voliteľné)
- 3 šálky nápoja z kokosového mlieka, nesladené
- 1 šálka cíceru s nízkym obsahom sodíka, scedíme a prepláchneme
- 1/4 lyžičky cesnakového prášku
- 1/4 lyžičky cibuľového prášku
- 1/4 lyžičky papriky

Inštrukcie:

a) Vo veľkom hrnci zohrejte 1 lyžicu olivového oleja na strednom ohni. Varte 4-5 minút, alebo kým cibuľa nezmäkne. Po pridaní cesnaku varte ďalších 30 sekúnd.

b) Vo veľkej mise zmiešajte sladké zemiaky, kari, soľ, korenie a kajenské korenie, ak používate. Varte ďalších 5 minút. Podlejeme kokosovým mliekom.

c) Priveďte do varu a varte 20-25 minút, alebo kým sladké zemiaky nezmäknú.

d) Medzitým sceďte a opláchnite cícer, potom ho pred preložením do mixovacej nádoby dôkladne osušte čistou utierkou alebo papierovými utierkami. Vmiešajte zvyšnú 1/2 lyžice olivového oleja, cesnakový prášok, cibuľový prášok a papriku.

e) Vo veľkej panvici uvarte cícer na strednom ohni. Opekajte, kým okraje nie sú mierne chrumkavé.

f) Keď sú zemiaky mäkké, odstavte polievku z ohňa a nechajte ju vychladnúť. Polovica polievky by sa mala rozmixovať v mixéri s odstránenou strednou časťou veka, aby mohla uniknúť para.

g) Miešajte, kým nebude úplne hladká. Spojte zvyšnú polovicu polievky a opakujte so zvyšnou polovicou. Prípadne polievku rozmixujte na pyré ponorným mixérom.

h) Nalejte polievku do misy a na vrch chrumkavý cícer.

## 17. Krémová brokolicová polievka

Výťažok: 8 porcií

Ingrediencie:

- 1 lyžica olivového oleja
- 1 stredne sladká cibuľa, nakrájaná na kocky
- 2 strúčiky cesnaku, mleté
- 1 lyžica celozrnnej múky
- 3 šálky zeleninového vývaru s nízkym obsahom sodíka
- 1 veľká brokolica, nakrájaná na ružičky
- 2 stredne červenohnedé zemiaky, nakrájané na kocky
- 1/4 lyžičky čierneho korenia
- 1 šálka mlieka bez tuku
- Čerstvá pažítka

Inštrukcie:

a) Vo veľkom hrnci s vysokými stenami zohrejte olivový olej. Cibuľu a cesnak restujte 3-5 minút, alebo kým nezmäknú.

b) Miešajte múku, kým nezmizne chuť surovej múky, asi 1-2 minúty. Priveďte do varu so zeleninovým vývarom.

c) Keď sa voda dostane do varu, pridajte brokolicu a zemiaky a prikryte. Varte 15-20 minút.

d) Odstavíme z ohňa a necháme trochu vychladnúť. Polovicu polievky rozmixujte v mixéri do hladka.

e) Opakujte so zvyšnou polovicou polievky a potom všetko zmiešajte. Prípadne polievku rozmixujte na pyré ponorným mixérom.

f) Polievku vrátime do hrnca a na miernom ohni za stáleho miešania varíme. Dokončite s preferovanými bylinkami, ako je pažítka alebo petržlenová vňať, a podávajte.

## 18. Krémová kapustová polievka

Výťažok: 8 porcií

Ingrediencie:

- 2 lyžice olivového oleja
- 1 cibuľa Vidalia, nakrájaná na kocky
- 4 strúčiky cesnaku, mleté
- 2 kilá kapusty, jemne nakrájanej
- 1 šálka čistého, odtučneného gréckeho jogurtu
- 1/4 šálky parmezánu
- 1/2 lyžičky čierneho korenia

Inštrukcie:

a) Vo veľkej panvici zohrejte olivový olej na strednom ohni. Varte 3-4 minúty, alebo kým cibuľa a cesnak nezmäknú.

b) Pridajte kel a trochu vody, prikryte a duste 8-10 minút, alebo kým zelenina nezmäkne a nezvädne.

c) Odstavte panvicu z ohňa a pridajte grécky jogurt, parmezán a čierne korenie.

## 19.C kuracia polievka a quinoa

Porcie: 6

Ingrediencie:

- 1 libra vykostených kuracích pŕs bez kože, všetok viditeľný tuk sa vyhodí, nakrájané na 1-palcové kocky
- 4 šálky beztukového kuracieho vývaru s nízkym obsahom sodíka
- 1 veľká cibuľa, nakrájaná
- ¾ šálky vody
- 1 stredná mrkva, nakrájaná na plátky
- 3 veľké strúčiky cesnaku, mleté
- 1 polievková lyžica nasekaného čerstvého tymiánu
- 1 sušený bobkový list
- ¼ lyžičky papriky
- ⅓ šálky neuvarenej quinoi, opláchnutej, scedenej
- 2 unce cukrového hrášku nakrájaného na plátky

Inštrukcie

b) Skombinujte kuracie mäso, vývar, cibuľu, vodu, mrkvu, cesnak, tymian, bobkový list a korenie vo veľkom hrnci.
c) Na stredne vysokom ohni priveďte do varu.
d) Znížte teplotu na minimum a mierne zakryté varte 5 minút.
e) Pridajte quinou a premiešajte, aby sa spojila. 5 minút v rúre

f) Pridajte hrášok a premiešajte, aby sa spojil. Varte za občasného miešania 5 až 8 minút, alebo kým nie je quinoa uvarená a kura už nie je v strede ružová.

g) Pred podávaním polievky odstráňte bobkový list.

## 20. Šošovicová a fazuľová polievka

Porcie: 6

## INGREDIENCIE:

1 šálka sušenej šošovice

15-uncová prepláchnutá a odkvapkaná plechovka čiernej fazule

15-uncová plechovka nakrájaných paradajok

1 lyžica olivového oleja, extra panenského

1 šálka sušenej šošovice

½ lyžičky mletého kmínu

½ lyžičky vločiek červenej papriky, rozdrvených

1 cibuľa, nakrájaná

1 lyžička čili prášku

4 šálky zeleninového vývaru

2 strúčiky cesnaku, mleté

2 mrkvy, olúpané a nakrájané

Soľ

Čierne korenie

## INŠTRUKCIE:

Na panvici rozohrejeme olej a cesnak opekáme asi 1 minútu.

Mrkvu a cibuľu restujte asi 5 minút.

Zvyšné ingrediencie priveďte za stáleho miešania do varu.

Znížte teplotu na minimum a varte asi 25 až 30 minút prikryté za občasného miešania.

**VÝŽIVA:** Kalórie: 285| Tuky: 4,3g | Sacharidy: 44 g | Vláknina: 18g | Cukry: 4,8g | Bielkoviny: 18,9 g

## 21. Polievka z bielej fazule a kelu

Porcie: 4

## INGREDIENCIE:

15 uncová plechovka fazule, opláchnutá a scedená

3 šálky čerstvého kelu, zbavené tvrdých stopiek a nahrubo nasekané

2 lyžice olivového oleja

4 strúčiky cesnaku, rozdrvené

1 lyžica čerstvého zázvoru, nasekaného

1 stredná cibuľa, nakrájaná na kocky

2 čajové lyžičky čerstvých rozmarínových listov, nasekaných

1 libra sladkých zemiakov, olúpaných a nakrájaných na malé kocky

4 šálky vody

½ lyžičky mletej škorice

1 lyžička mletého kmínu

Soľ a mleté čierne korenie

1 lyžička mletej kurkumy

## INŠTRUKCIE:

Na panvici zohrejte olej na vysokej teplote a za častého miešania opečte cibuľu asi 7-9 minút.

Pridajte cesnak, zázvor, rozmarín a restujte asi 1 minútu.

Pridajte zemiaky, vodu, korenie, soľ a čierne korenie a priveďte do varu.

Odkryté dusíme asi 30-35 minút.

Časť zemiakov nahrubo roztlačte zadnou časťou lyžice.

Vmiešame fazuľu a kel a dusíme asi 4-7 minút.

## 22. Kuracia a zeleninová polievka

Porcie: 4

## INGREDIENCIE:

2 lyžice olivového oleja (extra panenský)

2 červené papriky, nakrájané

1 cibuľa, nakrájaná na kocky

1 lyžica strúhaného čerstvého zázvoru

3 šálky nastrúhaného pečeného kura, zbaveného kože

8 šálok nesoleného kuracieho vývaru

½ lyžičky morskej soli

⅛ lyžičky čierneho korenia, čerstvo mletého

## INŠTRUKCIE:

Vo veľkom hrnci zohrejte olivový olej, kým sa neroztopí.

Pridajte cibuľu, červenú papriku a zázvor. Varte asi 5 minút za občasného miešania, kým zelenina nezmäkne.

Pridajte kuracie mäso, kurací vývar, soľ a korenie a priveďte do varu.

Znížte teplotu a varte ďalších 5 minút.

## 23. Krém z kapusty

Porcie: 4

## INGREDIENCIE:

2 lyžice olivového oleja (extra panenský)

1 cibuľa, nakrájaná na kocky

4 šálky kelu

1 šálka ružičiek brokolice

6 šálok nesoleného zeleninového vývaru

1 lyžička cesnakového prášku

½ lyžičky morskej soli

¼ lyžičky čierneho korenia, čerstvo mletého

Microgreens

kokosové mlieko

## INŠTRUKCIE:

Vo veľkom hrnci zohrejte olivový olej, kým sa neroztopí.

Varte za občasného otáčania, kým cibuľa nezmäkne, asi 5 minút.

Pridajte kel, brokolicu, zeleninový vývar, cesnakový prášok, soľ a korenie.

Priveďte do varu a potom znížte na nízku teplotu.

Varte 10 až 15 minút, pravidelne miešajte, alebo kým zelenina nezmäkne.

V mixéri zmiešame všetky ingrediencie a rozmixujeme do hladka.

Podávajte horúce s dodatočným olejom, mikrozeleninami a kokosovým mliekom.

## 24. Polievka z koralovej šošovice a švajčiarskeho mangoldu

Porcie: 4

INGREDIENCIE:

2 lyžice olivového oleja

1 stredná cibuľa, nakrájaná na kocky

2 stredné mrkvy, nakrájané na kocky

1/2 lyžičky zázvorového prášku

1/2 čajovej lyžičky prášku z kurkumy

2 nasekané veľké strúčiky cesnaku

1 lyžička rascového prášku

1/2 lyžičky vločiek červenej papriky

1/2 lyžičky morskej soli

15 uncová plechovka nakrájaných paradajok

1 šálka sušenej červenej šošovice

2 litre zeleninového vývaru

1 zväzok mangold, nahrubo nasekaný

## INŠTRUKCIE:

Vo veľkej polievke alebo kastróle rozohrejeme olej.

Cibuľu a mrkvu restujte 7 minút na stredne vysokej teplote.

Pridajte cesnak, rascu, zázvor, kurkumu, čili vločky a soľ.

Varte 5 minút, pričom pri miešaní rajčín zoškrabujte zo spodnej časti panvice všetky hnedé kúsky, kým sa tekutina nezredukuje a paradajky nezmäknú.

Pridajte šošovicu a vývar a priveďte do varu, potom znížte teplotu a varte odokryté 10 minút, alebo kým sa šošovica neuvarí.

Varte ďalších 5 minút za občasného miešania, kým mangold nezvädne, ale stále bublá. Dochutíme soľou a korením podľa chuti.

Polievku podávame v miskách ozdobenú kúskom citróna.

## 25. Jesenná tekvicová polievka

Porcie: 6

## INGREDIENCIE:

600 g tekvice, ošúpanej a nakrájanej

2 šálky zeleninového vývaru

½ šálky kokosového mlieka

olej na vyprážanie

1 lyžica citrónovej trávy, nasekaná

2 listy kafírovej limetky, nasekané

1 lyžička rasce

1 lyžička semien koriandra

1 červená paprika zbavená semienok a nakrájaná na plátky

1 čerstvý zázvor, olúpaný a nastrúhaný

1 čerstvá kurkuma, olúpaná a nakrájaná na plátky

Čierne korenie podľa chuti

1 šalotka, nasekaná

4 strúčiky cesnaku

## INŠTRUKCIE:

Predhrejte rúru na 300 stupňov Fahrenheita a pripravte si plech na pečenie s pergamenovým papierom.

Pred umiestnením na plech a opekaním do zlatista nalejte tekvicu do oleja.

Na panvici rozohrejeme olej a šalotku opražíme do hneda.

Varte do aromatického stavu, potom pridajte rascu a koriander.

Pridajte kafírové listy, kurkumu, zázvor, citrónovú trávu a čili, varte ďalšiu minútu a miešajte, aby ste sa vyhli spáleniu

Pridajte tekvicu do vývaru, potom prikryte a varte

Znížte teplotu na minimum a varte ďalších 10 minút.

Pridajte kokosové mlieko a znova zvýšte oheň, aby sa varil 5-10 minút.

## 26. Jačmenná zeleninová polievka

Porcie: 6

## INGREDIENCIE:

1 šálka mrkvy, nakrájaná

1 vetvička rozmarínu

1 strúčik cesnaku, mletý

1 šálka zeleru, nakrájaného

3/4 šálky lúpaného jačmeňa

4 šálky zeleninového vývaru

1 plechovka paradajkového pretlaku (28 oz.)

1 plechovka fazule, scedená a opláchnutá (15 oz.)

2 šálky kapusty, nahrubo nasekanej

Strúhaný parmezán

## INŠTRUKCIE:

V hrnci orestujte cibuľu, mrkvu a zeler s olivovým olejom (extra panenským). Pridajte rozmarín, cesnak a jačmeň a pokračujte vo varení asi 3 minúty.

Za stáleho miešania privedieme k varu s vývarom.

Po uvarení panvicu prikryjeme, znížime oheň a na miernom ohni dusíme asi 1 hodinu.

Pridajte paradajky a fazuľu a varte ďalších 15 minút alebo viac, kým jačmeň nezmäkne. V posledných 5 minútach varenia vmiešajte zeleninu, ak ju používate.

Podávame so strúhaným parmezánom.

## 27. Maslová tekvica a šošovicová polievka

Porcie: 4-6

## INGREDIENCIE:

1 veľká cibuľa, nakrájaná na kocky

1 ošúpaná a na kocky nakrájaná maslová tekvica

1 šálka hnedej šošovice

8 šálok zeleninového vývaru

2 lyžičky mletého cesnaku

1 bobkový list

1/2 lyžičky mletého muškátového oriešku

1 šálka špenátu, nakrájaného

1/2 lyžičky soli

## INŠTRUKCIE:

Pridajte všetky ingrediencie okrem špenátu do pomalého hrnca a dobre premiešajte.

Varte 3 až 4 hodiny pri vysokom výkone alebo 6 až 8 hodín pri nízkom výkone.

Odstráňte bobkový list a vložte asi 50 % polievky, v prípade potreby po dávkach, do mixéra a rozmixujte do hladka. Rozmixovanú polievku s nerozmixovanou časťou pridáme do pomalého hrnca a premiešame.

Pridáme nasekaný špenát a miešame, kým nezmäkne.

## 28. Biela fazuľová polievka

Porcie: 4

**Ingrediencie** :

- 1 nakrájanú cibuľu
- 2 polievkové lyžice olivového oleja
- 2 nasekané stonky zeleru
- 3 nasekané strúčiky cesnaku
- 4 šálky konzervovanej fazule cannellini
- 4 šálky kuracieho vývaru
- Soľ a korenie podľa chuti
- 1 lyžička čerstvého rozmarínu
- 1 šálka ružičiek brokolice
- 1 polievková lyžica hľuzovkového oleja
- 3 polievkové lyžice strúhaného parmezánu

**Pokyny** :

a) Vo veľkej panvici rozohrejeme olej.

b) Zeler a cibuľu opekáme na panvici asi 5 minút.

c) Pridajte cesnak a premiešajte, aby sa spojil. Varte ďalších 30 sekúnd.

d) Prihoďte fazuľu, 2 šálky kuracieho vývaru, rozmarín, soľ a korenie, ako aj brokolicu.

e) Tekutinu priveďte do varu a potom 20 minút znížte na mierny oheň.

f) Polievku rozmixujte tyčovým mixérom, kým nedosiahne požadovanú hladkosť.

g) Znížte teplotu na minimum a prilejte hľuzovkový olej.

h) Polievku nalejte do jedál a pred podávaním posypte parmezánom.

# 29. Cestoviny a fagioli

Porcie: 10

**Ingrediencie :**

- 1 ½ libry mletého hovädzieho mäsa
- 2 nakrájané cibule
- ½ lyžičky vločiek červenej papriky
- 3 polievkové lyžice olivového oleja
- 4 nasekané stonky zeleru
- 2 nasekané strúčiky cesnaku
- 5 šálok kuracieho vývaru
- 1 šálka paradajkovej omáčky
- 3 polievkové lyžice paradajkového pretlaku
- 2 lyžičky oregano
- 1 lyžička bazalky
- Soľ a korenie podľa chuti
- 1 15 oz. cannellini fazuľa
- 2 šálky uvarených malých talianskych cestovín

**Pokyny :**

a) Vo veľkom hrnci opekáme mäso 5 minút, alebo kým už nie je ružové. Odstráňte z rovnice.

b) Vo veľkej panvici zohrejte olivový olej a opečte na ňom cibuľu, zeler a cesnak 5 minút.

c) Pridajte vývar, paradajkovú omáčku, paradajkovú pastu, soľ, korenie, bazalku a vločky červenej papriky a premiešajte.

d) Dajte pokrievku na panvicu. Potom by sa polievka mala variť 1 hodinu.

e) Pridajte hovädzie mäso a varte ďalších 15 minút.

f) Pridajte fazuľu a premiešajte, aby sa spojila. Potom varte 5 minút na miernom ohni.

g) Vmiešame uvarené cestoviny a varíme 3 minúty, alebo kým sa neprehrejú.

## 30. Mäsová guľa a polievka Tortellini

Porcie: 6

**Ingrediencie :**

- 2 polievkové lyžice olivového oleja
- 1 na kocky nakrájaná cibuľa
- 3 nasekané strúčiky cesnaku
- Soľ a korenie podľa chuti
- 8 šálok kuracieho vývaru
- 1 ½ šálky konzervovaných paradajok nakrájaných na kocky
- 1 šálka nasekaného kelu
- 1 šálka rozmrazeného mrazeného hrášku
- 1 lyžička drvenej bazalky
- 1 lyžička oregano
- 1 bobkový list
- 1 libra rozmrazených mäsových guľôčok – akéhokoľvek druhu
- 1 libra tortellini z čerstvého syra
- ¼ šálky strúhaného parmezánu

**Pokyny** :

a) Vo veľkom hrnci rozohrejeme olivový olej a 5 minút na ňom restujeme cibuľu a cesnak.

b) Vo veľkom hrnci zmiešajte kurací vývar, nakrájané paradajky, kel, hrášok, bazalku, oregano, soľ, korenie a bobkový list.

c) Ďalej priveďte kvapalinu do varu. Potom varte 5 minút na miernom ohni.

d) Odstráňte bobkový list a vyhoďte ho.

e) Po pridaní mäsových guľôčok a tortellini povarte ešte 5 minút.

f) V neposlednom rade podávame v miskách so strúhaným syrom navrchu.

# 31. Kuracia Marsala

Porcie: 4

**Ingrediencie :**

- ¼ šálky múky
- Soľ a korenie podľa chuti
- ½ lyžičky tymiánu
- 4 vykostené kuracie prsia , naklepané
- ¼ šálky masla
- ¼ šálky olivového oleja
- 2 nasekané strúčiky cesnaku
- 1 ½ šálky nakrájaných húb
- 1 na kocky nakrájaná malá cibuľa
- 1 šálka marsaly
- ¼ šálky pol na pol alebo hustej smotany

**Pokyny :**

a) V miske zmiešajte múku, soľ, korenie a tymian.
b) V samostatnej miske vydlabte kuracie prsia v zmesi.
c) Vo veľkej panvici rozpustite maslo a olej.
d) Cesnak varte 3 minúty na panvici.

e) Vhodíme kurča a opekáme 4 minúty z každej strany.

f) Na panvici zmiešajte huby, cibuľu a marsalu.

g) Kuracie mäso varte 10 minút na miernom ohni.

h) Presuňte kurča na servírovací tanier.

i) Vmiešame pol na pol alebo hustú smotanu. Potom počas 3 minút varenia na vysokej teplote neustále miešajte.

j) Kuracie mäso polejeme omáčkou.

## 32. Ryba a polievka Chorizo

Porcie : 4

**Ingrediencie** :

- 2 rybie hlavy (používané na varenie rybieho vývaru)
- 500 g rybieho filé , nakrájaného na kúsky
- 1 cibuľa
- 1 strúčik cesnaku
- 1 šálka bieleho vína
- 2 polievkové lyžice olivového oleja
- 1 hrsť petržlenovej vňate (nasekaná)
- 2 šálky rybieho vývaru
- 1 hrsť oregana (nasekané)
- 1 polievková lyžica soli
- 1 polievková lyžica korenia
- 1 zeler
- 2 konzervy paradajok (paradajky)
- 2 červené čili papričky
- 2 párky chorizo
- 1 polievková lyžica papriky
- 2 bobkové listy

**Pokyny** :

a) Očistite hlavu ryby. Žiabre by sa mali odstrániť. Dochutíme soľou. Varte 20 minút pri nízkej teplote. Odstráňte z rovnice.

b) Na panvicu nalejte olivový olej. Zmiešajte cibuľu, bobkové listy, cesnak, chorizo a papriku vo veľkej mise. 7 minút v rúre

c) Vo veľkej mise zmiešajte červené chilli, paradajky, zeler, korenie, soľ, oregano, rybí vývar a biele víno.

d) Celkom varíme 10 minút.

e) Vhoďte rybu. 4 minúty v rúre

f) Ako prílohu použite ryžu.

g) Pridajte petržlenovú vňať ako ozdobu.

## 33. španielska Ratatouille

Porcie : 4

**Ingrediencie** :

- 1 červená paprika (nakrájaná na kocky)
- 1 priemerne veľká cibuľa (nakrájaná alebo nasekaná)
- 1 strúčik cesnaku
- 1 cuketa (nakrájaná)
- 1 zelená paprika (nakrájaná na kocky)
- 1 polievková lyžica soli
- 1 polievková lyžica korenia
- 1 konzerva paradajok (nakrájané)
- 3 polievkové lyžice olivového oleja
- 1 strek bieleho vína
- 1 hrsť čerstvej petržlenovej vňate

**Pokyny** :

a) Na panvicu nalejte olivový olej.

b) Vhoďte cibuľu. Nechajte 4 minúty vyprážať na strednom ohni.

c) Pridajte cesnak a papriku. Nechajte ďalšie 2 minúty vyprážať.

d) Prihoďte cuketu, paradajky, biele víno a podľa chuti dochuťte soľou a korením.

e) Varte 30 minút alebo kým nie je hotové.

f) V prípade potreby ozdobte petržlenovou vňaťou.

g) Podávame s ryžou alebo hriankami ako prílohu.

h) Užite si to!!!

## 34. Gazpacho

Porcie : 6

**Ingrediencie :**

- 2 libry zrelých paradajok , nasekaných
- 1 červená paprika (nakrájaná na kocky)
- 2 strúčiky cesnaku (mleté)
- 1 polievková lyžica soli
- 1 polievková lyžica korenia
- 1 polievková lyžica rasce (mletá)
- 1 šálka červenej cibule (nasekaná)
- 1 veľká paprika Jalapeno
- 1 šálka olivového oleja
- 1 limetka 1 stredne veľká uhorka
- 2 polievkové lyžice octu
- 1 šálka paradajok (šťava)
- 1 polievková lyžica worcesterskej omáčky
- 2 polievkové lyžice čerstvej bazalky (nakrájané na plátky)
- 2 krajce chleba

**Pokyny :**

a) V miske zmiešajte uhorku, paradajky, papriku, cibuľu, cesnak, jalapeňo, soľ a rascu. Všetko spolu úplne premiešajte.

b) V mixéri zmiešajte olivový olej, ocot, worcestrovú omáčku, limetkovú šťavu, paradajkovú šťavu a chlieb. Miešajte, kým nie je zmes úplne hladká.

c) Rozmixovanú zmes vmiešame do pôvodnej zmesi pomocou sitka.

d) Uistite sa, že úplne kombinujte všetko.

e) Polovicu zmesi naberte do mixéra a rozmixujte na pyré. Miešajte, kým nie je zmes úplne hladká.

f) Rozmixovanú zmes vrátime k zvyšku zmesi. Všetko spolu úplne premiešajte.

g) Po zakrytí misku dajte na 2 hodiny do chladničky.

h) Po 2 hodinách misku vyberte. Zmes dochutíme soľou a korením. Na vrch misky posypte bazalkou.

i) Podávajte.

## 35. Chobotnice a ryža

Porcie : 4

**Ingrediencie :**

- 6 oz. morské plody (akékoľvek podľa vášho výberu)
- 3 strúčiky cesnaku
- 1 stredne veľká cibuľa (nakrájaná)
- 3 polievkové lyžice olivového oleja
- 1 zelená paprika (nakrájaná)
- 1 polievková lyžica atramentu z chobotnice
- 1 zväzok petržlenu
- 2 polievkové lyžice papriky
- 550-gramová chobotnica (očistená)
- 1 polievková lyžica soli
- 2 zeler (nakrájaný na kocky)
- 1 čerstvý bobkový list
- 2 stredne veľké paradajky (nastrúhané)
- 300 g ryže calasparra
- 125 ml bieleho vína
- 2 šálky rybieho vývaru
- 1 citrón

**Pokyny** :

a) V panvici nalejte olivový olej. Zmiešajte cibuľu, bobkový list, korenie a cesnak v miske. Nechajte pár minút vyprážať.

b) Prihoďte chobotnice a morské plody. Varte niekoľko minút, potom vyberte chobotnice/morské plody.

c) Vo veľkej mise zmiešajte papriku, paradajky, soľ, zeler, víno a petržlenovú vňať. Nechajte 5 minút, kým sa zelenina dovarí.

d) Vhoďte prepláchnutú ryžu do panvice. Zmiešajte rybí vývar a kalamáre v miske.

e) Celkom varíme 10 minút. Skombinujte morské plody a chobotnice vo veľkej mise.

f) Varte ešte 5 minút.

g) Podávame s aioli alebo citrónom.

## 36. Repná polievka na spôsob Ukrajiny

Výťažok: 6 porcií

## Zložka

- 4 stredné paradajky
- 4 lyžice masla
- 1 šálka cibule; najemno posekané
- 2 strúčiky cesnaku, olúpané; najemno posekané
- 1 libra Repy, zbavené listov, olúpané, nahrubo nastrúhané
- ½ koreň zeleru, olúpaný; nahrubo nastrúhaný
- 1 koreň petržlenu, olúpaný; nahrubo nastrúhaný
- 1 paštrnák, olúpaný; nahrubo nastrúhaný
- ½ lyžičky cukru
- ¼ šálky červeného vínneho octu
- 1 polievková lyžica Soľ
- 2 litre hovädzieho vývaru, čerstvého alebo konzervovaného
- 1 libra Varené zemiaky, olúpané; nakrájajte na 1 1/2-palcové kúsky
- 1 libra Kapusta bez jadrovníka; nahrubo nastrúhaný

- 1 libra varenej hrude alebo 1 libra varenej šunky, nakrájanej na 1-palcové kúsky

- 3 lyžice petržlenu; najemno posekané

- ½ pinty kyslá smotana

**Inštrukcie**

a) Vložte paradajky do vriacej vody na 15 sekúnd. Spustite ich pod studenou vodou a ošúpte. Odrežte stonku a potom ich rozrežte priečne na polovicu.

b) Polovice jemne stlačte, aby ste odstránili šťavu a semená, potom ich nahrubo nasekajte a odložte.

c) V 10- až 12-palcovej panvici alebo kastróle rozpustite maslo na miernom ohni, pridajte cibuľu a cesnak a za častého miešania varte 6 až 8 minút, alebo kým nie sú mäkké a jemne zafarbené. Vmiešame cviklu, zeler, petržlen, paštrnák, polovicu paradajok, cukor, ocot, soľ a 1½ šálky vývaru. Priveďte do varu na silnom ohni, potom hrniec čiastočne prikryte a znížte oheň. Dusíme 40 minút.

d) Medzitým nalejte zvyšný vývar do 6-8-qt rajnice a pridajte zemiaky a kapustu. Priveďte do varu a potom čiastočne prikryté varte 20 minút, alebo kým zemiaky nezmäknú, ale nerozpadnú sa.

e) Keď sa zeleninová zmes uvarí v určený čas, pridajte ju do kastróla so zvyšnými paradajkami a mäsom. Čiastočne prikryté dusíme 10 až 15 minút, kým sa boršč nezohreje.

f) Chuť na dochutenie. Nalejte do misy, posypte petržlenovou vňaťou a podávajte spolu s kyslou smotanou.

## 37. Ukrajinský boršč s uhorkou a citrónom

Výťažok: 6 porcií

**Zložka**

- 4 šálky ošúpaných uhoriek zbavených semienok --
- Nahrubo nasekané
- Šťava z 2 malých citrónov
- 1 lyžička Náhrada bylinnej soli resp
- Morská soľ
- 1 lyžica medu
- 1 šálka odtučneného bieleho jogurtu
- 1 šálka pramenitej vody
- 1 šálka mletej morčacej šunky
- 1 veľká paradajka - nakrájaná
- Rastlinná náhrada soli a
- Biele korenie - podľa chuti
- Čerstvé kôprové vetvičky a kyslé
- Krém - na ozdobu

**Inštrukcie**

a) Uhorky, citrónovú šťavu, náhradu soli, med, jogurt a vodu vložte do mixéra a rozmixujte do hladka. Pridajte mletú šunku. Nalejte polievku do veľkej misy, prikryte plastovou fóliou a nechajte cez noc v chladničke (8 až 12 hodín).

b) Ráno prelisujte paradajky a pridajte do polievky. Ochutnajte korenie a v prípade potreby pridajte viac náhradky soli a korenia.

c) Polievku podávame vo vychladených miskách s ozdobou z čerstvého kôpru a kúskom kyslej smotany.

## 38. Kyslá kyslá polievka

Podáva 5

**Ingrediencie:**

- 6 šálok zeleninového vývaru
- 1 ½ šálky strúhanej mrkvy
- ½ šálky zeleru nakrájaného na kocky
- 1 šálka ošúpaných čerstvých zemiakov, nakrájaných na kocky
- 1 šálka nastrúhaného cesnaku alebo kôpru
- Múka podľa potreby (asi ¼ šálky)

**Inštrukcie**

a) Vo veľkom hrnci priveďte vývar do rýchleho varu, potom znížte teplotu na minimum a nechajte variť. Varte 15 minút s mrkvou, zelerom a zemiakmi.

b) Dusíme 30 minút, alebo kým nie sú zemiaky uvarené, podľa potreby pridávame kyslé uhorky. Ak chcete hustejšiu polievku, pripravte si pastu z rovnakých dielov múky a vody.

c) Za stáleho miešania pomaly prilievame mlieko, kým polievka jemne nezhustne.

## 39. Boršč

Podáva 6

**Ingrediencie:**

- 2 zväzky cvikly so zeleňou (asi 8-9 stredne veľkých cvikl)
- ½ šálky nakrájanej cibule
- 1-libra plechovka polievky paradajok
- 3 polievkové lyžice čerstvej citrónovej šťavy
- ⅓ šálky vegánskeho granulovaného sladidla

**Inštrukcie**

a) Cviklu vydrhnite a očistite, ale šupky nechajte. Udržujte zeleň v bezpečí. Vo veľkom hrnci zmiešajte repu, cibuľu a 3 litre vody.

b) Varte jednu hodinu, alebo kým repa nie je extrémne mäkká. Vyberte repu z vody, ale NEVYHADZUJTE VODU. Vyhoďte cibuľu.

c) Po jemnom nasekaní repu vráťte do vody. Zelenina by sa mala pred pridaním do vody umyť a nasekať. Zmiešajte paradajky, citrónovú šťavu a sladidlo v miske. Varte 30 minút na strednom ohni alebo kým zelenina nezmäkne.

d) Pred podávaním necháme chladiť aspoň 2 hodiny.

# 40. Jahodová / čučoriedková polievka

Podáva 4

**Ingrediencie:**

- 1 libra čerstvých jahôd alebo čučoriedok, dobre očistených
- 1 ¼ šálky vody
- 3 polievkové lyžice vegánskeho granulovaného sladidla
- 1 polievková lyžica čerstvej citrónovej šťavy
- ½ šálky sójovej alebo ryžovej smotany do kávy
- Voliteľné: 2 šálky uvarených, vychladených rezancov

**Inštrukcie**

a) V strednom hrnci zmiešajte ovocie s vodou a zohrejte do rýchleho varu.

b) Znížte teplotu na minimum, prikryte a varte 20 minút, alebo kým ovocie nie je veľmi mäkké.

c) Rozmixujte v mixéri do hladka. Vráťte pyré do hrnca a vmiešajte cukor, citrónovú šťavu a smotanu. Po premiešaní nechajte 5 minút variť.

d) Pred podávaním polievku chladíme aspoň 2 hodiny.

e) Táto polievka sa tradične podáva samotná alebo so studenými rezancami.

# 41. Kapustová polievka

Podáva 6

**Ingrediencie:**

- 2 polievkové lyžice margarínu
- 2 šálky strúhanej zelenej kapusty
- ½ lyžičky čierneho korenia
- 3 šálky vody
- 2 šálky ošúpaných a na kocky nakrájaných zemiakov
- ½ šálky nakrájaných čerstvých paradajok

**Inštrukcie**

a) V hrnci na polievku roztopte margarín.

b) Pridajte kapustu a korenie a varte asi 7 minút, alebo kým kapusta nezhnedne.

c) Pridajte zemiaky, paradajky a vodu; prikryte a varte 20 minút, alebo kým nie sú zemiaky uvarené.

## 42. Zeleninová polievka

Podáva: 4

**Ingrediencie:**

- polievková zelenina (2 mrkvy, ½ zeleru, 1 pór, čerstvá petržlenová vňať)
- 1 šálka (100 g) ružičiek karfiolu
- ½ šálky (50 g) varenej kukurice
- soľ a korenie
- voliteľné: kocka bujónu, cibuľa

**Inštrukcie**

a) Vo veľkom hrnci priveďte do varu 2 litre (2 l) vody.

b) Nakrájajte mrkvu, zeler a pór na 1/4-palcové (6 mm) plátky. Znížte teplotu na minimum a do vriacej vody pridajte nakrájanú zeleninu , ružičky karfiolu a kukuricu.

c) Dochutíme soľou a korením podľa chuti a na miernom ohni dusíme asi 40 minút.

d) Ozdobte na kocky nakrájanou petržlenovou vňaťou.

# 43. Paradajková polievka

Podáva: 4

**Zloženie** s:

- 2-litrový vývar
- 2 lyžice kokosového krému
- 1 lyžica múky
- 5 oz. (150 ml) paradajkový pretlak
- soľ a korenie
- Dill

**Inštrukcie**

a) Vývar z polievkovej zeleniny (2 mrkvy, 12 cibúľ, 12 koreňového zeleru, 1 pór, početná petržlenová vňať) precedíme a zachováme tekutinu.

b) Kokosovú smotanu zmiešame s múkou, potom ju pridáme do vývaru spolu s paradajkovou pastou.

c) Na prudkom ohni privedieme do varu, dochutíme soľou, korením a ozdobíme kôprom.

d) Aby bola polievka sýtejšia, môžete pridať ryžu alebo rezance.

## 44. Nakladaná polievka

Podáva: 4

**Ingrediencie:**

- 3 zemiaky
- 1 kocka bujónu
- 1 lyžica kokosového masla
- 2 veľké kyslé uhorky, jemne nakrájané na kocky
- 1 šálka (250 ml) nakladanej šťavy
- 2 lyžice kokosového krému
- 1 lyžica múky
- soľ
- Dill

Inštrukcie

a) Zemiaky ošúpeme a nakrájame na polpalcové (1,3 cm) kocky, potom ich uvaríme s bujónovou kockou a kokosovým maslom v 2 litroch vody.

b) Pridajte nadrobno pokrájané kyslé uhorky a šťavu z kyslých uhoriek asi po 20 minútach, keď zemiaky začnú mäknúť.

c) Zmiešajte kokosovú smotanu a múku v samostatnej miske, potom postupne pridajte 3 polievkové lyžice vývaru, ktorý sa varí na ohni. Potom zmes vráťte do polievky a priveďte ju späť do varu.

d) Podľa chuti pridajte soľ a na kocky nakrájaný kôpor (najprv však ochutnajte polievku, aby ste sa uistili, že šťava z kyslej uhorky nie je príliš silná).

e) Namiesto zemiakov možno použiť ryžu. Keď je polievka hotová, preskočte krok 1 a pridajte 3 šálky uvarenej ryže.

## 45. Kyslá ražná polievka

Podáva: 2

## Ingrediencie:

- 2 qt. vývar
- 2 šálky kyslej ražnej múky
- 2 lyžice múky
- Soľ
- 2 strúčiky cesnaku
- voliteľné: huby

## Inštrukcie

h) Polievkovú zeleninu uvarte v 2 litroch vody, aby ste vytvorili vývar. Ak chcete, môžete pridať aj nasekané huby.

i) Polievku sceďte cez sitko, tekutinu si nechajte a zmes a múku pridajte do vývaru, keď je zelenina mäkká (približne 40 minút).

j) Podľa chuti môžete dochutiť soľou.

k) Pridajte cesnak do vývaru, jemne nastrúhaný alebo nakrájaný na kocky.

## 46. Chladená repná polievka

Podáva: 2

**Ingrediencie:**

- 1 zväzok repy
- 1 uhorka
- 3-5 reďkoviek
- kôpor
- pažítka
- 1-litrový obyčajný rastlinný jogurt
- soľ a korenie
- cukor
- voliteľné: citrónová šťava

**Inštrukcie**

a) Cviklu vyberieme zo strapca, nadrobno nakrájame len stonky a listy cvikly a dusíme asi 40 minút v malom množstve vody do mäkka. Pred podávaním nechajte vychladnúť.

b) Uhorka, reďkovka, kôpor a pažítka by mali byť jemne nakrájané. Zmiešajte tieto **ingrediencie** , ako aj repnú zmes, v rastlinnom jogurte a dôkladne premiešajte.

c)  Podľa chuti dochutíme soľou, korením, cukrom a prípadne citrónovou šťavou. Polievku rozmixujte alebo rozmixujte na pyré, ak chcete hladšiu štruktúru.

d)  Podávame vychladené s kôprom nakrájaným navrchu.

e)  Táto polievka sa tradične pripravuje iba zo stoniek a listov červenej repy. Môžete však použiť iba repu. 1 libra uvarenej repy, jemne nastrúhanej a kombinovanej so zvyšnou **prísadou s**

# 47. Ovocná polievka

Podáva: 4

**Ingrediencie:**

i) 1 polievková lyžica zemiakovej múky

j) 1 šálka (250 ml) vývaru, vychladeného

k) 3 jablká

l) 8 oz. (250 g) slivky alebo čerešne

m) ⅓ – ½ šálky (75 – 115 g) cukru

**Inštrukcie**

a) Na vytvorenie kaše zmiešajte polovicu studeného vývaru s múkou.

b) Jablká, slivky alebo čerešne po ošúpaní uvarte v 1½ litroch (1½ l) vody. Keď je ovocie mäkké, nastrúhame ho na jemnom strúhadle alebo rozmixujeme s vodou v mixéri a dochutíme cukrom podľa chuti.

c) Zmiešajte múku a vývar v miske.

d) Miešajte zmes vývaru, kým sa všetko správne nezmieša.

## 48. Zemiaková polievka

Podáva: 4

**Ingrediencie:**

- 1½ litra zeleninového vývaru
- 2 cibule
- 2 póry
- 5 strúčikov cesnaku
- 3 lyžice olivového oleja
- 4 zemiaky
- bylinky: bobkový list, tymián, pažítka
- soľ a korenie

**Inštrukcie**

a) Cibuľu a pór nakrájajte nadrobno, potom ich nakrájajte na štvorpalcové (6 mm) kolieska a orestujte ich na olivovom oleji s nakrájanými strúčikmi cesnaku.

b) Zemiaky po očistení, ošúpaní a očistení nakrájajte na kocky.

c) Keď sú cibuľa a pór stredne hnedé, pridajte zemiaky, bylinky, soľ a korenie. Chvíľu miešame, potom podlejeme vývarom a na miernom ohni varíme asi 30 minút, kým zemiaky nezmäknú.

d) Po vychladnutí polievku rozmixujte na pyré v mixéri do hladka. Dochutíme soľou a korením podľa chuti.

## 49. Citrónová polievka

Podáva: 4

## Ingrediencie:

- 2-litrový vývar alebo vývar
- ½–1 šálka (95–190 g) bielej ryže
- 2 citróny
- soľ a korenie
- voliteľné: ½ šálky kokosovej smotany

## Inštrukcie

a) Uvarte vývar s 2 litrami vody a polievkovou zeleninou alebo vývarom (2 mrkvy, 12 cibuliek, 1 zeler, 1 pór, veľa petržlenovej vňate).

b) Ryžu varte len vo vývare alebo bujóne, kým nie je kašovitá, asi 25 minút.

c) Ošúpte 1 citrón, nakrájajte ho nadrobno a pridajte s trochou soli do vriacej ryže.

d) Pokračujte v miešaní polievky, zatiaľ čo pridávate zvyšnú citrónovú šťavu.

e) Varte niekoľko minút na miernom ohni, dochuťte soľou a korením podľa chuti.

## 50. Špargľová polievka

Počet porcií: 4-6

## Ingrediencie:

- 1 libra (450 g) bielej špargle
- polievková zelenina (2 mrkvy, 1 pór, ½ koreňa zeleru, čerstvá petržlenová vňať)
- 2 lyžice kokosového masla
- ¼ šálky (30 g) múky
- soľ a cukor
- ½ šálky (125 ml) kokosovej smotany

## Inštrukcie

a) Špargľu ošúpeme a špargľu očistíme. V hrnci s 2 litrami vody uvarte stonky špargle a polievku **Ingredient s do mäkka**. Tekutina vývaru by sa mala zachovať.

b) Hlavičky špargle zvlášť uvarte v malom množstve vody.

c) Stopky špargle prečistíme a najemno nastrúhame.

d) Pretlačenú špargľu zmiešame s polievkovým vývarom.

e) Na panvici roztopte kokosové maslo a vmiešajte múku, aby ste na miernom ohni vytvorili zápražku. Počas varenia pridajte do polievky uvarené hlavy špargle, soľ a korenie.

f) Na záver podávajte s krutónmi a kopou kokosového krému.

## 51. Kalerábová polievka

Porcie: 6 porcií

## Ingrediencie

- 1 kaleráb ošúpaný, nakrájaný na kocky, použite aj listy
- 1 stredná cibuľa nakrájaná nadrobno
- 1 stredná mrkva ošúpaná, nakrájaná na kocky
- 2 stredné zemiaky ošúpané, nakrájané na kocky
- 2 polievkové lyžice petržlenovej vňate a kôpru nasekané nadrobno
- 1 l zeleninového vývaru horúceho
- 1 lyžica oleja a masla každá
- Morská soľ a korenie podľa chuti
- 1 polievková lyžica kukuričného škrobu plus 2 polievkové lyžice horúcej vody

## Inštrukcie

a) Kalerábové listy ošúpeme a nahrubo nakrájame, stonky vyhodíme. Kaleráb, mrkvu a zemiaky nakrájame na kocky.

b) Vo veľkom hrnci zohrejeme 1 polievkovú lyžicu oleja, pridáme cibuľu a dusíme 3 minúty alebo do zmäknutia. Varte niekoľko minút za častého miešania so zvyškom zeleniny a petržlenovou vňaťou.

c) Pridajte zeleninový vývar, korenie na korenie, premiešajte, prikryte a priveďte do varu, potom znížte na mierny oheň a varte za občasného miešania asi 30 minút, alebo kým zelenina nezmäkne.

d) Pridáme nasekaný kôpor a dusíme ešte 3 minúty. V tejto chvíli môžete polievku zahustiť (aj keď nemusíte). Na tento účel zmiešajte 2 polievkové lyžice horúcej vody s kukuričným škrobom, potom vmiešajte do polievky a povarte 3 minúty.

e) Odstráňte z ohňa, osoľte podľa chuti a pred podávaním pridajte lyžicu masla.

## 52. Ukrajinská fazuľová polievka

Výťažok: 10 porcií

## Zložka

- 1 libra Biela fazuľa, sušená
- 1½ libry Kyslá kapusta
- ¾ libier Slané bravčové mäso
- 4 zemiaky nakrájané na kocky
- ½ šálky Zeleninový olej
- 1½ polievkovej lyžice Múka
- 1 každý Cibuľa, lg. nakrájané nahrubo
- 1 lyžička Soľ
- 1 lyžička Čierne korenie
- 4 Bobkové listy
- 3 Strúčiky cesnaku, mleté
- 2 polievkové lyžice Zrnká korenia
- ½ šálky Jogurt, obyčajný
- 1 každý Mrkva, lg. nasekané

a) Namočte fazuľu cez noc. Mäso, zemiaky, fazuľu a kyslú kapustu uvaríme oddelene.

b) Keď je mäso hotové, vykostite ho a nakrájajte na $\frac{1}{2}$" kocky. Zemiaky nakrájajte na kocky. Fazuľu rozdrvte.

c) a cibule pripravte zápražku . Mäso a zeleninu dáme do hrnca, pridáme zápražku a bobkové listy.

d) Podlejeme vývarom a varíme ešte 10 minút.

## 53. Go Green Soup

Množstvo: 2 porcie

### Ingrediencie

- 4 nakrájané uhorky, stredne veľké
- stonkový zeler nakrájaný
- lyžica limetkovej šťavy
- 1 1/2 šálky listov žeruchy (zabalené), plus 1/2 šálky ďalších listov na ozdobu
- avokádová kaša
- 1 lyžička prášku z pšeničnej trávy sušenej mrazom
- 1 pomlčka morskej soli podľa chuti
- 1 pomlčka čerstvo mletého čierneho korenia podľa chuti

### Inštrukcie

a) Pomocou mixéra rozmixujte 2 šálky vody na kašu s uhorkami, zelerom, limetkovou šťavou, 1 1/2 šálky žeruchy a morskou soľou.

b) Rozmixujte čo najhladšie. Použite veľké sito s jemnými okami, aby ste zmes precedili a vytvorili živý zelený vývar. (Namiesto sita možno použiť aj syrovú tkaninu, použite niekoľko vrstiev na vytvorenie jemnejšieho pletiva.)

c) Vráťte vývar do mixéra a pridajte prášok z avokáda a pšeničnej trávy. Miešajte do hladka. Ochlaďte minimálne 30 minút.

d) Na podávanie ozdobíme niekoľkými lístkami žeruchy a trochou čierneho korenia.

# 54. Thajské kokosové kari Ramen

Množstvo: 2 porcie

**Ingrediencie:**

- 1 1/2 polievkovej lyžice vegánskej červenej kari pasty
- 1/3 červenej cibule, nakrájanej na kocky
- 2 strúčiky cesnaku, mleté
- 2 strúhaný zázvor veľkosti palca
- 1 stonka čerstvej citrónovej trávy, mletá
- 2 čajové lyžičky čistého javorového sirupu alebo hnedého cukru
- 3 polievkové lyžice limetkovej alebo citrónovej šťavy
- Soľ podľa chuti
- Tanier zmiešanej zeleniny
- 2 plechovky kokosového mlieka
- 1 1/2 šálky zeleninového vývaru
- 3-4 listy kafírovej limetky
- 2-3 balenia čerstvého japonského ramena ALEBO náhrady za iné suché ramen rezance
- Niekoľko plátkov vareného tempehu alebo tofu

- 1 šálka mrazenej alebo čerstvej kukurice na polevu – ak je mrazená, rozmrazená
- 4-5 cherry paradajok
- Niekoľko kúskov limetky
- Hrsť mikrozelených červených reďkoviek

**smery :**

a) Veľký hrniec umiestnite na stredne vysokú teplotu. Pridajte 1/2 šálky zeleninového vývaru, potom pridajte kari pastu, šalotku, cesnak, zázvor a citrónovú trávu a na kocky nakrájanú cibuľu. Varte, kým sa kari pasta úplne nerozpustí, asi 8 minút .

b) Pridajte 2 plechovky kokosového mlieka a zvyšný zeleninový vývar. Kari privedieme do varu a zredukujeme na mierny var.

c) Pridajte zeleninovú zmes, listy kafirovej limetky a javorový sirup. Prikryjeme a necháme dusiť asi 5-8 minút .

d) Medzitým priveďte do varu stredný hrniec s vodou. Toto bude vaša voda na varenie pre ramen. Vložte ramen do vriacej vody a uvoľnite rezance, uistite sa, že sú rovnomerne rozložené.

e) Varíme do al dente, scedíme a prepláchneme pod studenou vodou. Odložte bokom.

f) Rozdeľte ramen do 2-3 polievkových misiek, navrch naberte lahodnú kari polievku a ozdobte čerstvými bylinkami, paradajkami, kukuricou, tofu alebo tempehom.

## 55. Mikrozelená polievka s pečenou brokolicou

Robí: 2 S porcií

## Ingrediencie

- 1 hlavička brokolice, nakrájaná na malé ružičky
- 1 veľká žltá cibuľa, nakrájaná na mesiačiky
- 4 celé strúčiky cesnaku, olúpané
- 1 polievková lyžica hroznového oleja
- 1/4 lyžičky soľ
- 4 šálky zeleninového vývaru
- 2 šálky brokolice microgreens
- 3 oz. syr feta, nasekaný
- 1 šálka varenej alebo konzervovanej fazule
- Šťava z 1/2 citróna
- 1/2 lyžičky čili prášku
- 3 lyžice nesolených pražených slnečnicových semienok
- 2 polievkové lyžice extra panenského olivového oleja

## Inštrukcie

a) Predhrejte rúru na 425 ° F.

b) lemovaný plech na pečenie.

c) V miske zmiešajte brokolicu, cibuľu a cesnak s olejom a soľou.

d) Rozložte brokolicu na horúci plech a pečte 25 minút, raz premiešajte.

e) Zmiešajte alebo spracujte vývar, praženú zeleninu, mikrozeleniny, fetu, fazuľu, citrónovú šťavu a čili prášok do hladka v mixéri alebo nádobe kuchynského robota.

f) Polievku zohrejte v hrnci a podľa potreby doriedte vývarom alebo vodou.

g) Ozdobte ďalšími mikrozelenými, feta, slnečnicovými semienkami a kvapkou oleja.

# 56. Paradajková polievka

# VÝNOS: 6 ŠÁLIKOV (1,42 l)

**Ingrediencie**

- 2 lyžičky oleja
- 1 vrchovatá lyžička semien rasce
- ½ lyžičky kurkumového prášku
- 4 stredné paradajky, olúpané a nahrubo nakrájané
- 1 kus koreňa zázvoru, olúpaný a nastrúhaný alebo nasekaný
- 3 strúčiky cesnaku, olúpané a nasekané
- 1–2 nasekané zelené thajské, serrano alebo kajenské čili
- ¼ šálky (4 g) nasekaného čerstvého koriandra
- ½ čajovej lyžičky červeného čili prášku alebo kajenského korenia
- 4 šálky (948 ml) vody
- 1 lyžička hrubej morskej soli
- ½ lyžičky mletého čierneho korenia
- Šťava z ½ limetky
- 2 polievkové lyžice výživného droždia

- Krutóny, na ozdobu

## Inštrukcie

a) Vo veľkom polievkovom hrnci zohrejte olej na stredne vysokej teplote.

b) Pridajte rascu a kurkumu a varte, kým semienka nezaprsia, asi 30 sekúnd.

c) Pridajte paradajky, koreň zázvoru, cesnak, čili, koriander, červený čili prášok a vodu. Priviesť do varu.

d) Znížte oheň na stredne nízky a varte asi 15 minút. Keď sú paradajky mäkké, spracujte ich ponorným mixérom do hladka.

e) Pridajte soľ, čierne korenie, limetkovú šťavu a výživné droždie, ak používate. Dobre premiešajte a podávajte horúce, ozdobené krutónmi. Urobte z toho mini jedlo pridaním lyžice varenej hnedej alebo bielej ryže basmati do každej šálky pred podávaním.

## 57. Seitan Mulligatawny polievka

VÝNOS: 12 ŠÁLIKOV (2,84 l)

**Ingrediencie**

- 1 šálka (192 g) sušenej červenej štiepanej (hnedej) šošovice (masoor dal), očistenej a umytej
- 8 šálok (1,90 l) vody
- 1 stredná cibuľa, ošúpaná a nahrubo nakrájaná
- 2 stredné paradajky, olúpané a nahrubo nakrájané (1 vrchovatá šálka [160 g])
- 1 malý zemiak, ošúpaný a nakrájaný na kocky
- 1 polievková lyžica celého čierneho korenia
- 1 lyžička prášku z kurkumy
- 1 (8-uncový [227-g]) balíček čistého seitanu, scedený a nakrájaný na malé kúsky (2 šálky)
- 2 čajové lyžičky hrubej morskej soli
- 1 lyžička mletého čierneho korenia
- 1 lyžica gram (cícerovej) múky (besan)
- 3 lyžice oleja
- 3 polievkové lyžice zázvorovo-cesnakovej pasty

- 2 lyžičky mletého kmínu
- 2 čajové lyžičky mletého koriandra
- 1 čajová lyžička červeného čili prášku alebo kajenského korenia
- Šťava z 1 citróna

**Inštrukcie**

a) Vložte šošovicu, vodu, cibuľu, paradajky, zemiaky, korenie a kurkumu do veľkého, ťažkého polievkového hrnca. Priveďte do varu na stredne vysokej teplote a potom oheň znížte na mierny var.

b) Čiastočne zakryté varíme 20 minút.

c) Medzitým zmiešame seitan, soľ a mleté čierne korenie.

d) Keď je polievka uvarená, rozmixujte ju do hladka buď ponorným mixérom, bežným mixérom alebo výkonnejším mixérom. V prípade potreby premiešajte v dávkach.

e) Seitan zľahka posypte gramovou múkou.

f) V malej panvici zohrejte olej na stredne vysokej teplote.

g) Pridajte zázvorovo-cesnakovú pastu a smažte 1 až 2 minúty. (Majte po ruke pokrievku; olej môže vystriekať. Stále miešajte a v prípade potreby znížte teplotu.)

h)  Pridajte rascu, koriander a prášok z červeného čili a miešajte 1 minútu.

i)  Pridajte seitanovú zmes a varte ďalšie 3 minúty, kým mierne nezhnedne.

j)  Túto zmes pridajte do polievky a priveďte do varu.

k)  Pridajte citrónovú šťavu.

l)  Podávajte horúce v miskách. Môžete tiež pridať lyžicu varenej ryže do každej misky pred pridaním polievky, aby ste pridali textúru.

## 58. Korenená zelená polievka

VÝNOS: 8 POHÁROV

**Ingrediencie**

g) 2 lyžice oleja

h) 1 lyžička semien rasce

i) 2 listy kasie

j) 1 stredne žltá cibuľa, ošúpaná a nahrubo nakrájaná

k) 1 kus koreňa zázvoru, olúpaný a nastrúhaný alebo nasekaný

l) 10 strúčikov cesnaku, olúpaných a nahrubo nasekaných

m) 1 malý zemiak, ošúpaný a nahrubo nakrájaný

n) 1-2 nasekané zelené thajské, serrano alebo kajenské čili

o) 2 šálky (290 g) hrášku, čerstvého alebo mrazeného

p) 2 šálky (60 g) zabalené nasekanej zeleniny

q) 6 šálok vody

r) ½ šálky (8 g) nasekaného čerstvého koriandra

s) 2 čajové lyžičky hrubej morskej soli

t) ½ lyžičky mletého koriandra

u) ½ čajovej lyžičky praženého mletého rasce

v) Šťava z ½ citróna

w) Krutóny, na ozdobu

**Inštrukcie**

a) V hlbokom a ťažkom polievkovom hrnci zohrejte olej na stredne vysokej teplote.

b) Pridajte rasce a listy kasie a zohrievajte, kým semienka nezačnú prskať, asi 30 sekúnd.

c) Pridajte cibuľu, koreň zázvoru a cesnak. Varte ďalšie 2 minúty, občas premiešajte.

d) Pridajte zemiak a varte ďalšie 2 minúty.

e) Pridajte čili, hrášok a zeleninu. Varte 1 až 2 minúty, kým zelenina nezvädne.

f) Pridajte vodu. Priveďte do varu, stíšte oheň a 5 minút povarte odokryté.

g) Pridajte koriander.

h) Kasiu alebo bobkové listy vyberte a rozmixujte ponorným mixérom.

i) Vráťte polievku do hrnca. Pridajte soľ, koriander a mletú rascu. Polievku vrátime do varu. Pridajte citrónovú šťavu.

# 59. Paradajková a tamarindová polievka

VÝNOS: 12 ŠÁLIKOV (2,84 l)

**Ingrediencie**

- ½ šálky (96 g) sušeného štiepaného a olúpaného holubieho hrášku (toor dal), očisteného a umytého

- 4 stredné paradajky, olúpané a nahrubo nakrájané (4 šálky [640 g])

- 1 kus koreňa zázvoru, olúpaný a nastrúhaný alebo nasekaný

- 2 čajové lyžičky hrubej morskej soli

- 1 lyžička prášku z kurkumy

- 1 šálka (237 ml) tamarindovej šťavy

- 2 polievkové lyžice rasamového prášku

- 7 šálok (1,66 l) vody

- 1 lyžica oleja

- 1 čajová lyžička semien čiernej horčice

- 1 lyžička semien rasce

- 15–20 kari listov, nahrubo nasekaných

- 1 vrchovatá polievková lyžica nasekaného čerstvého koriandra na ozdobu

- Klátky citrónu, na ozdobu

**Inštrukcie**

a) Vložte holubí hrášok, paradajky, koreň zázvoru, soľ, kurkumu, tamarindový džús, rasamový prášok a vodu do pomalého hrnca. Varte pri vysokej teplote $3\frac{1}{2}$ hodiny.

b) Rozmixujte ponorným mixérom, v tradičnom mixéri alebo vo výkonnom mixéri.

c) Medzitým na varnej doske urobte temperovanie (tarka). Na panvici zohrejte olej na stredne vysokej teplote. Pridajte horčicu a rascu a varte, kým zmes nezhustne, asi 30 sekúnd. Pridajte kari listy a varte, kým listy mierne nezhnednú a nezačnú sa vlniť. Pozor, občas premiešame, aby sa korenie nepripálilo. Po 1 až 2 minútach vložte horúcu zmes do pomalého hrnca.

d) Polievku varte ďalších 30 minút a ihneď podávajte, ozdobenú koriandrom a kolieskom citróna.

## 60. Paradajková polievka Stock

VÝNOS: 4½ ŠÁLKY (1,1 l)

## Ingrediencie

- 1 veľká cibuľa, ošúpaná a nahrubo nakrájaná
- 4 veľké paradajky, ošúpané a nahrubo nakrájané
- 1 šálka (96 g) olúpaného a nahrubo nasekaného koreňa zázvoru
- 10 strúčikov cesnaku, olúpaných a nakrájaných
- 1 polievková lyžica prášku z kurkumy
- ¼ šálky oleja (59 ml)

## Inštrukcie

a) Všetky ingrediencie vložte do pomalého hrnca a jemne premiešajte.

b) Varte na vysokej teplote 6 hodín.

c) Zmes spracujte do hladka pomocou ponorného mixéra, tradičného mixéra, kuchynského robota alebo výkonného mixéra.

d) Vráťte zmes do pomalého hrnca a varte ďalšiu hodinu na vysokej teplote. Uchovávajte v chladničke maximálne 1 týždeň alebo v mrazničke až 3 mesiace.

# 61. Zázvorová polievka

VÝNOS: 7 POHÁROV

## Ingrediencie

- 2 veľké žlté cibule, olúpané (4 šálky [600 g] mleté)
- 2 libry koreňa zázvoru, olúpaný (4 šálky mletého)
- 2 vrchovaté šálky cesnaku, ošúpaného a orezaného
- 4 polievkové lyžice (24 g) rascových semien
- 4 polievkové lyžice (27 g) prášku z kurkumy
- ½ šálky (119 ml) oleja
- ½ šálky (119 ml) vody

## Inštrukcie

a) Cibuľu, koreň zázvoru a cesnak pomelieme oddelene vo výkonnom mixéri. Základom je pomlieť každú ingredienciu čo najjemnejšie.

b) Pridajte rascu, kurkumu a olej do pomalého hrnca.

c) Vyčistite nádobu mixéra vodou a vylejte ju do pomalého hrnca. Jemne premiešame.

d) Varte na vysokej teplote 10 hodín. Tento mix vydrží až 1 týždeň v chladničke a až 3 mesiace v mrazničke.

## 62. Zázvorová sójová mliečna polievka

VÝNOS: 3½ ŠÁLKY (3,32 l)

Ingrediencie

- 2 šálky obyčajného nesladeného sójového mlieka
- ¼ šálky (59 ml) Adarak Masala
- ½ lyžičky hrubej morskej soli
- ½ čajovej lyžičky červeného čili prášku alebo kajenského korenia
- 1-3 nasekané zelené thajské, serrano alebo kajenské čili
- ½ šálky (119 ml) vody (voliteľné)
- ¼ šálky (4 g) nasekaného čerstvého koriandra

Inštrukcie

- V hrnci na stredne vysokej teplote priveďte sójové mlieko do mierneho varu.
- Pridajte Adarak Masala, soľ, červený čili prášok, zelené čili a vodu (ak používate). Priveďte do varu, pridajte koriander a podávajte s hustými roti alebo naanom.

## 63. Tonyu vývar

**Ingrediencie:**

- 500 g morčacích kostí (zlomených)
- 1 liter sójového mlieka
- 20 g zázvoru (na plátky)
- 1 tyčinka póru (jemne nakrájaná)
- soľ
- 400 ml vody

**Inštrukcie:**

a)  Vezmite veľký hrniec a pridajte morčacie kosti, pór, zázvor a 400 ml vody.

b)  Nechajte všetko variť asi 15 minút so zatvoreným vekom.

c)  Otvorte veko a počkajte, kým sa vývar nezredukuje na cca. 100-150 ml.

d)  Pridajte sójové mlieko a nechajte variť ďalších 10 minút. Upozornenie: sójové mlieko sa ľahko pripáli.

e)  Vývar precedíme. Do polievkovej misy dajte po 235 ml. Pridajte cestoviny a polevy podľa želania.

## 64. Miso vývar

**Ingrediencie:**

- 1 stredná mrkva (ošúpaná a nahrubo nasekaná)
- ½ cibule (ošúpaná a nahrubo nasekaná)
- ½ jablka (odkôstkované, olúpané a nahrubo nakrájané)
- 1 stonka zeleru (nahrubo nakrájaná)
- 3 strúčiky cesnaku (ošúpané)
- 120 ml kokosového oleja
- 2 polievkové lyžice sezamového oleja
- 340 g mletého mäsa
- 2 čajové lyžičky čerstvého zázvoru (nakrájaného)
- 1 lyžička siracha
- 2 polievkové lyžice sójovej omáčky
- 1 lyžička jablčného octu
- 1 lyžička soli
- 1 lyžica sezamu
- 175 ml Shiro Miso (biele miso, ľahké a sladké)
- 175 ml Akamiso Miso (červené miso, tmavé a slané)
- 475 ml kuracieho alebo zeleninového vývaru

**Inštrukcie:**

a) Mrkvu, cibuľu, jablko a zelerovú tyčinku nadrobno zaháčkujte.

b) Vložte kokosový olej a 1 lyžičku sezamového oleja do veľkej panvice na strednom ohni. Potom nakrájanú zeleninu a ovocie opekáme na panvici asi 10 – 12 minút, kým cibuľa nie je priehľadná a jablko jemne zhnedne. Potom oheň mierne znížte.

c) Pridajte medovinu na panvicu a počkajte asi 8-10 minút, kým medovina nebude ružová. Pridajte zázvor, sójovú omáčku, jablčný ocot a soľ a všetko dobre premiešajte.

d) Celú zmes dáme do kuchynského robota, kým nie je mäso jemne pomleté. Prípadne môžete napr. B. použiť drvič na zemiaky.

e) Do zmesi pridajte sezamové semienka a miso a dobre premiešajte. Konzistencia by mala byť ako hustá pasta. To vytvára miso základ.

f) Zeleninový alebo kurací vývar priveďte do varu. Pridajte 6 lyžičiek miso základu.

g) Hotovú polievku dáme do dvoch misiek (každá cca 235 ml) a podľa potreby pridáme cestoviny a polevu.

# 65. Dashi vývar

**Ingrediencie:**

- 10 g kombu
- 10 g bonito vločiek
- 720 ml vody

**Inštrukcie:**

a) Vezmite hrniec s min. Objem 500 ml a do jedného hrnca vložte bonito vločky a do druhého kombu.

b) Oba hrnce priveďte do varu a potom ich nechajte 1 hodinu variť.

c) Nakoniec ingrediencie sceďte a pridajte oba nálevy dohromady.

d) Do polievkovej misy dajte po 235 ml. Pridajte cestoviny a polevy podľa želania.

# 66. Tonkotsu vývar

## Ingrediencie:

- Seabura (varené bravčové karé)
- 700 g bravčového sedla nakrájaného na prúžky
- voda

## Tonkotsu vývar

- 225 g kuracích nôh (umyté, zbavené kože a prstov)
- 3,6 - 4,5 kg bravčového kolena (zlomené, na kostnú dreň)
- 455 g zemiakov (ošúpaných a nahrubo nakrájaných)
- 4,7 litra vody
- Shiodare (pre slanú chuť)
- 1 veľký obdĺžnikový kus kombu (cca 25 cm dlhý, nahrubo narezaný)
- 2 malé sušené huby Shiitake (rozdrvené)
- 946 ml vody
- 2 čajové lyžičky bonito vločiek
- 300 g škrupín na koberce
- 140 g soli
- Shoyudare (pre chuť sójovej omáčky)

**Inštrukcie:**

a) Než začnete, pripravte si chashu.

b) Začnite so Seaburou: bravčové karé vložte do hrnca a podlejte vodou. Vodu krátko privedieme do varu a necháme 4 hodiny vrieť.

c) Varenie Tonkotsu vývaru: Varte vodu v samostatnom hrnci. Kuracie nôžky blanšírujeme, osušíme a spolu s bravčovým kolenom a zemiakmi vložíme do tlakového hrnca. Všetko podlejeme 4,7 litrom vody. Uistite sa, že voda a ostatné prísady nezapĺňajú viac ako polovicu hrnca.

d) Hrniec zohrievajte, kým z tlakového ventilu neunikne para (môže to trvať až 20 minút). Počkajte cca. 10 minút, kým sa hrniec nenaplní parou. Nastavte oheň na najvyšší stupeň a nechajte hodinu variť.

e) Príprava Shiodare: Vezmite strednú panvicu a priveďte kombu, huby shiitake a 950 ml vody do varu. Znížte teplotu a boli asi 5 minút. Vyberte huby kombu a shiitake a preneste tekutinu do čistého stredného hrnca.

f) Do tekutiny pridáme bonito vločky, privedieme do varu. Necháme 5 minút podusiť. Bonito vločky vyžmýkame a vyberieme z polievky. Vložte polievku do čistého stredného hrnca.

g) Polievku priveďte do varu a pridajte kobercové mušle. Necháme 5 minút podusiť. Slávky odstráňte sitom. Jeden liter vývaru preneste do nového hrnca a pridajte soľ (140 g).

h) Po hodine odstavte tlakový hrniec zo sporáka a uvoľnite tlak. Rozdrvte bravčové kosti, aby ste odhalili kostnú dreň. Celé to varte na nízkej teplote ďalšiu hodinu a znova a znova miešajte.

i) Pridajte jednu čajovú lyžičku chashu a shiodare do polievkových misiek, ktoré plánujete použiť s jedlom.

j) Bravčové sedlo zložíme zo sporáka a zlejeme vodu. Mäso nakrájame na menšie kúsky (asi 5 cm). Celé mäso po kúskoch pretlačíme cez hrubé sitko, aby sme ho nasekali. Seabura je pripravená.

k) Polievku sceďte z tlakového hrnca a dajte do samostatného hrnca a udržiavajte teplú. Tesne pred podávaním polievku opäť priveďte do varu.

l) Chashu nakrájajte na 6 mm kúsky a opečte ich na panvici do chrumkava.

m) Polievku dokončíte pridaním horúcej polievky Tonkotsu (235 ml) do polievkovej misy. Do každej porcie pridajte lyžičku Seabura. Pridajte cestoviny a polevy podľa želania.

# 67. Shoyu vývar

**Ingrediencie:**

- 4 čajové lyžičky kokosového oleja
- 2 stredné mrkvy (ošúpané a nahrubo nasekané)
- ½ cibule (ošúpaná a nahrubo nasekaná)
- 3 jarné cibuľky (nakrájané na plátky)
- 1 jablko (zbavené jadrovníkov, ošúpané a nahrubo nakrájané)
- 2 stonky zeleru (nahrubo nakrájané)
- 5 strúčikov cesnaku (ošúpaných)
- 5 sušených húb shiitake (nalámaných na malé kúsky)
- 1 celé kura
- 4 kusy hovädzieho chvosta (každý cca 5 cm)
- 1 citrón (na štvrtiny)
- 2,2 litra kuracieho vývaru s nízkym obsahom sodíka
- 175 ml sójovej omáčky
- 4 polievkové lyžice granúl dashi
- 2 lyžičky soli
- ½ lyžičky bieleho korenia
- 1 bobkový list

**Inštrukcie:**

a) Do kastróla dáme kokosový olej, mrkvu, cibuľu, jablko, zeler, Konoblauch a sušenú Shiitake Pile.

b) Potom pridajte celé kura, volský chvost a citrón. Holandskú rúru vložte do rúry na 8-10 hodín a zohrejte ju na 90 °C. Keď sa volský chvost ľahko oddelí od kosti, je hotovo.

c) Pomocou štrbinovej lyžice odstráňte hrubšie kúsky. Zvyšok precedíme vo veľkom hrnci. Teraz by ste mali mať hnedú, lesklú polievku s vysokým obsahom tuku.

d) V hrnci priveďte polievku do varu. Do každej polievkovej misy dáme 235 ml polievky. Pridajte cestoviny a polevy podľa želania.

# 68. Shio vývar

**Ingrediencie:**

- 1 stredná mrkva (ošúpaná a nahrubo nasekaná)
- ½ cibule (ošúpaná a nahrubo nasekaná)
- 3 jarné cibuľky (nakrájané na plátky)
- ½ jablka (odkôstkované, olúpané a nahrubo nakrájané)
- 1 stonkový zeler (narezaný)
- 3 strúčiky cesnaku
- 5 čerstvých húb shiitake
- 120 ml kokosového oleja
- 1 lyžička sezamového oleja
- 3 polievkové lyžice granúl dashi
- 2 lyžičky soli

**vývar:**

- 2 čajové lyžičky nesoleného masla (na porciu)
- Kurací alebo zeleninový vývar s nízkym obsahom sodíka (235 ml na porciu)
- Mirin (sladké ryžové víno; 2 čajové lyžičky na porciu)
- 1 veľký obdĺžnikový kus kombu (cca 25 cm dlhý, nahrubo narezaný)

- Sušené huby shiitake (drvené; 2 huby na porciu)

**Inštrukcie:**

a) Mrkvu, cibuľu, jarnú cibuľku, jablko, strúčiky cesnaku a čerstvé huby shiitake dáme do kuchynského robota a všetko sekáme, kým sa nevytvorí pasta.

b) Zahrejte kokosový olej a sezamový olej v strednom hrnci na strednom ohni. Pridajte ovocno-zeleninovú pastu a varte asi 10-12 minút. Potom pridajte dashi granule a soľ. Dobre premiešajte.

c) Pre vývar vložte maslo do veľkého hrnca a nastavte ho na strednú teplotu. Keď maslo začne jemne hnednúť a voňať orieškovo, pridajte kurací alebo zeleninový vývar, mirin, kombu a sušené huby shiitake. Priveďte do varu.

d) Potom znížte teplotu a nechajte 15 minút variť. Pomocou štrbinovej lyžice odstráňte hrubšie kúsky. Pridajte Shio zeleninový a ovocný základ.

e) Do polievkovej misy dajte po 235 ml. Pridajte cestoviny a polevy podľa želania.

## 69. Vegánsky dashi vývar

**Ingrediencie:**

- 25 g húb shiitake (sušené)
- 10 g kombu
- 1 liter vody

**Inštrukcie:**

a) Vezmite hrniec s min. Objem 500 ml a vložte Shiitake Pile do jedného hrnca a kombu do druhého.

b) Oba hrnce priveďte do varu a potom ich nechajte 1 hodinu variť.

c) Nakoniec ingrediencie sceďte a pridajte oba nálevy dohromady.

d) Do polievkovej misy dajte po 235 ml. Pridajte cestoviny a polevy podľa želania.

## 70. Vegetariánsky vývar Kotteri

porcie: 8

**Ingrediencie:**

- 500 g maslovej tekvice (cca 300 g ošúpanej a nahrubo nakrájanej)
- 2 cibule (ošúpané a nahrubo nasekané)
- 3 strúčiky cesnaku (ošúpané)
- 100 g čerstvých húb shiitake
- 6 sušených húb shiitake
- 6-8 g kombu
- 2 litre vody
- 2 čajové lyžičky mletej papriky
- 2 polievkové lyžice zázvoru (nasekaný)
- 75 ml sójovej omáčky
- 4 WL miso pasta
- 3 polievkové lyžice ryžového octu
- 3 polievkové lyžice kokosového oleja
- 2 lyžičky soli

- olivový olej

**Inštrukcie:**

a) Rúru predhrejeme na 250°C.

b) Vezmite veľký hrniec a priveďte do varu asi 2 litre vody. Pridajte sušené huby shiitake a kombu. Znížte oheň a nechajte všetko dusiť asi 1 hodinu.

c) Zmiešajte tekvicu, cibuľu, cesnak a čerstvé huby shiitake s trochou olivového oleja a papriky a rozložte na plech.

d) Zeleninu pečieme v rúre asi 15

e) minút. Teplotu znížime na 225 °C a varíme ďalších 15 minút.

f) Po hodinovom varení vývaru odstráňte huby a kombu a pridajte zeleninu a zázvor. Nechajte vývar dusiť 20 minút so zatvoreným vekom.

g) Vývar rozmixujeme na jemno.

h) Potom pridajte miso pastu, sójovú omáčku, ryžový ocot, kokosový olej a soľ a opäť rozvarte vývar. Ak je to potrebné, vývar sa môže zriediť vodou.

i) Do polievkovej misy dajte po 235 ml. Pridajte cestoviny a polevy podľa želania.

## 71. Umami zeleninový vývar

porcie: 12

**Ingrediencie:**

- 2 polievkové lyžice svetlej miso pasty
- 2 polievkové lyžice repkového oleja
- 2 polievkové lyžice vody
- 2 cibule (ošúpané a nakrájané nadrobno)
- 2 mrkvy (ošúpané a nakrájané nadrobno)
- 4 stonky zeleru (nasekané nadrobno)
- 1 tyčinka póru (jemne nakrájaná)
- 1 cibuľka feniklu (jemne nasekaná)
- 5 koreňov koriandra
- 1 hlava cesnaku (na polovicu)
- ½ zväzku plochej petržlenovej vňate
- 5 sušených húb shiitake
- 20 g kombu
- 2 lyžičky soli
- 1 lyžička čierneho korenia

- 2 bobkové listy
- ½ lyžičky žltých horčičných semienok
- ½ lyžičky koriandrových semienok
- 3,5 litra vody

**Inštrukcie:**

a) Miso pastu zmiešame s repkovým olejom a 2 lyžicami vody a odstavíme.

b) Zeleninu, kombu a huby shiitake položte na plech. Pokvapkáme rozmiešanou miso pastou. Celé to necháme v rúre 1 hodinu pri teplote 150 °C. Medzitým obrátime.

c) Potom dajte opečenú zeleninu do veľkého hrnca. Pridajte korenie a zalejte vodou. Všetko priveďte do varu, znížte teplotu a potom nechajte 1,5 hodiny variť.

d) Do polievkovej misy dajte po 235 ml. Pridajte cestoviny a polevy podľa želania.

## 72. Priehľadná cibuľová polievka

Porcie: 6

## Ingrediencie

- 6 šálok zeleninového vývaru (môžete použiť aj kurací alebo hovädzí vývar, prípadne kombináciu oboch, ak máte. určite použite odrodu s nízkym obsahom sodíka)
- 2 cibule (nakrájané na kocky)
- 1 stonkový zeler (nakrájaný na kocky)
- 1 mrkva (ošúpaná a nakrájaná na kocky)
- 1 lyžica cesnaku (mletého)
- ½ čajovej lyžičky zázvoru (mletého)
- 1 lyžička sezamového oleja
- 1 šálka šampiňónov (nakrájaných na veľmi tenké plátky)
- ½ šálky cibuľky (nakrájané na plátky)
- podľa chuti soľ a korenie
- podľa chuti sójová omáčka (voliteľné)
- ochutnať Sriracha (voliteľné)

## Inštrukcie

a) Cibuľu orestujeme v hrnci na troche oleja, kým mierne skaramelizuje. Asi 10 minút.

b) Pridajte mrkvu, zeler, cesnak a zázvor, sezamový olej a vývar. Dochutíme soľou a korením.

c) Priveďte do varu a potom varte 30 minút.

d) Zeleninu sceďte z vývaru.

e) Do misiek pridajte hrsť jarnej cibuľky a na tenké plátky nakrájané huby. Na vrch nalejeme polievku.

f) Voliteľné: Pridajte trochu sójovej omáčky a sriracha podľa chuti.

## 73. Detská ramen polievka

Porcie : 4

## Ingrediencie

- 2 (14 1/2 oz.) plechovky kuracieho vývaru
- 1/2 lb. baby bok choy, pozdĺžne rozpolené
- 2 zelené cibule, nakrájané na 2-palcové dĺžky
- čerstvý zázvor, mletý
- 1 strúčik cesnaku, mletý
- 1 1/2 lyžičky sójovej omáčky
- 1 (3 1/2 oz.) balenia rezancov ramen
- 1/4 libry nakrájanej šunky
- 4 vajcia uvarené natvrdo, olúpané a nakrájané na štvrtiny
- 1 lyžička sezamového oleja

## Inštrukcie

f) Umiestnite hrniec na strednú teplotu. Primiešame vývar, bok choy, zelenú cibuľku, zázvor, cesnak a sójovú omáčku.

g) Dusíme ich 12 minút. Pridajte rezance do hrnca. Nechajte polievku variť ďalšie 4 minúty.

h) Podávajte teplú polievku s vašimi obľúbenými zálievkami. Užite si to.

## 74. Nori rezancová polievka

Porcie : 4

Ingrediencie

- 1 (8 oz.) balenie sušených soba rezancov
- 1 C. pripravený vývar z dashi
- 1/4 C. sójová omáčka
- 2 lyžice mirin
- 1/4 lyžičky bieleho cukru
- 2 lyžice sezamových semienok
- 1/2 C. nakrájanú zelenú cibuľu
- 1 list nori (sušená morská riasa), nakrájaná na tenké prúžky (voliteľné)

Inštrukcie

a) Rezance uvaríme podľa návodu na **obale** . Scedíme a schladíme trochou vody.

b) Položte malú panvicu na strednú teplotu. Vmiešajte dashi, sójovú omáčku, mirin a biely cukor. Varte, kým nezačne vrieť.

c) Vypnite oheň a nechajte zmes 27 minút stratiť teplo. Na servírovacie misky rozdeľte sezamové semienka s rezancami a zalejte vývarom.

d) Ozdobte svoje polievkové misky nori a zelenou cibuľkou.

e) Užite si to.

## 75. Ramen sezamová polievka

Porcie : 4

## Ingrediencie

- 1 lb vrchný okrúhly steak, julienne
- 1 lyžica arašidového oleja
- 1/2 lyžice sezamového oleja
- 1-palcový čerstvý zázvor, jemne nastrúhaný
- 2 strúčiky cesnaku, mleté
- 1/4-1/2 lyžičky drvených vločiek červenej papriky
- 3 C. hovädzí vývar
- 2 zväzky cibule, nakrájanej na kocky
- 2 lyžice ryžového vínneho octu
- 2 (3 oz.) balíčky ramen rezance, balíček odobratý 1/2 C. baby mrkva, rošt d

## Inštrukcie

a) Veľkú panvicu položte na strednú teplotu. Zahrejte v ňom 1/3 každého z olejov.

b) Orestujeme v ňom zázvor, cesnak a červené čili. Varte ich 1 minútu. Vmiešame 1/3 plátkov hovädzieho mäsa. Varte ich 4 minúty. Zmes odložte bokom.

c) Opakujte proces so zvyšným hovädzím mäsom a olejom, kým nebude hotový. Umiestnite veľkú panvicu na strednú teplotu. Vmiešajte do nej vývar, ocot a cibuľku. Varte ich, kým nezačnú vrieť.

d) Znížte teplotu a varte, kým nezačne vrieť. Vmiešajte ramen a varte ho 4 až 4 minúty alebo kým nebude hotový.

e) Lyžičkou nalejte rezance do servírovacej misy a potom na ne pridajte restované hovädzie mäso. Podávajte teplé.

# 76. Ramenový krém a huba

Porcie : 4

**Ingrediencie**

- 1 (3 oz.) balenia ramen rezance s kuracou príchuťou
- 1 (10 3/4 oz.) plechovky krémovej hubovej polievky
- 1 (3 oz.) konzervy kurčaťa

**Inštrukcie**

a) Ramen pripravte podľa **pokynov** na obale.

b) Umiestnite veľkú panvicu na strednú teplotu. Vmiešame polievku, kuracie mäso a korenie. Varte ich 6 minút.

c) Scedíme rezance a rozdelíme ich medzi servírovacie misky. Lyžicou naň nalejte polievkovú zmes a podávajte teplú. Užite si to.

## 77. Rezancová kari polievka

Porcie : 4

## Ingrediencie

- 3 mrkvy, nakrájané na kúsky
- 1 malá cibuľa, nakrájaná na kúsky
- 3 lyžice vody
- 1/4 C. rastlinný olej
- 1/2 C. všestranná múka
- 2 polievkové lyžice univerzálnej múky
- 2 polievkové lyžice červeného kari
- 5 C. horúci zeleninový vývar
- 1/4 C. sójová omáčka
- 2 lyžičky javorového sirupu
- 8 oz. udon rezance alebo viac podľa chuti

## Inštrukcie

a) Získajte misku odolnú v mikrovlnnej rúre: Vmiešajte do nej vodu s mrkvou a cibuľou. prikryjeme pokrievkou a varíme pri vysokej teplote 4 minúty 30 sekúnd.

b) Hrniec na polievku umiestnite na strednú teplotu. Zahrejte v ňom olej. Pridajte k tomu 1/2 C. plus 2 lyžice múky a zmiešajte ich, aby ste vytvorili pastu.

c) Pridajte kari s horúcim vývarom a varte ich 4 minúty za stáleho miešania. Pridajte uvarenú cibuľu a mrkvu so sójovou omáčkou a javorovým sirupom.

d) Rezance varte podľa návodu na obale , kým nezmäknú.

e) Polievku varíme, kým nezačne vrieť. Vmiešame rezance a podávame tvoja horúca polievka.

## 78. Japonská hubová rezancová polievka

## Ingrediencie

- 2 oz huba Buna shimeji
- 1 zväzok. Soba rezance alebo vaše obľúbené rezance. Uvarené a scedené podľa návodu
- 3 polievkové lyžice mizkanového polievkového základu
- 2 uvarené vajcia, prasknuté a rozpolené
- 1 zväzok baby bok choy alebo hlávkového šalátu
- 2 šálky. Voda
- 2 čajové lyžičky bieleho sezamu
- Jarná cibuľa, nasekaná

## Inštrukcie

e) V strednom hrnci prevarte vodu a pridajte polievkový základ, baby bok choy a huby. Varte 2 minúty.

f) Uvarené rezance rozdeľte na taniere/misku. Položte polovice vajec a pokvapkajte polievkou

g) Ozdobte cibuľkou a sezamovými semienkami

h) Podávame s paličkami

## 79. Kuracie rezancová polievka

Porcie: 4

## Ingrediencie

- 2 lyžice olivového oleja
- 1 ½ šálky póru, nakoniec nakrájaného
- 3 strúčiky cesnaku, mleté
- 1 ½ libry kuracie prsia, vykostené, nakrájané na malé prúžky
- 6-7 šálok kuracieho vývaru
- Soľ a korenie podľa chuti
- 1-2 balíčky ramen rezancov
- 1 stredný citrón, nakrájaný na štvrtiny
- 1 varené vajce, ak je to žiaduce
- 1 nasekaná cibuľa na ozdobu

**Pokyny** :

1. Zohrejte trochu oleja v hrnci na strednom ohni.

2. Pridajte pór a cesnak, za stáleho miešania opekajte, kým sa **ingrediencie** neuvaria a nezmäknú miešaním.

3. Pridajte kuracie prúžky a varte asi 4-5 minút.

4. Pridajte trochu kuracieho vývaru, soľ a korenie a priveďte do varu. Znížte teplotu a polievku varte 10-12 minút.

5. Teraz pridajte rezance a varte, kým nebudú pevné.

6. Odstráňte z ohňa a pridajte trochu citrónovej šťavy.

7. Polievku rozdeľte do 3-4 misiek.

8. Navrch dajte pár cibuľky a vajce.

9. Podávajte a užívajte si.

# 80. Bravčová polievka Ramen

Porcie: 4

## Ingrediencie

- 3 lyžice repkového oleja
- 2-3 bravčové kotlety bez kosti
- soľ a čierne korenie, podľa chuti
- 8-10 cibuliek, nakrájaných na plátky, oddelená zelená a biela priečka
- 1 2-palcový zázvor, nakrájaný na plátky
- 8 šálok kuracieho vývaru
- 3 lyžice octu
- 2-3 balíčky ramen rezancov
- 2 lyžice sójovej omáčky
- 2 mrkvy, olúpané, nastrúhané
- 2-3 reďkovky, nakrájané na tenké plátky
- ¼ šálky koriandrových listov, nasekaných

**Pokyny** :

1. Zohrejte panvicu na strednom ohni 5 minút. Pridajte trochu oleja a varte bravčové mäso, kým sa dôkladne neuvarí, 5-6 minút na každej strane.

2. Dochutíme soľou a korením.

3. Preložíme na tanier a prikryjeme fóliou. Odložte na 5 minút.

4. V tom istom hrnci opečte cibuľku so zázvorom a varte 30-50 sekúnd.

5. Pridajte trochu vývaru a priveďte do varu.

6. Pridajte rezance a varte 2-3 minúty.

7. Vmiešajte trochu sójovej omáčky a octu.

8. Preneste polievku do misiek a navrch dajte bravčové mäso, cibuľovú cibuľku, nakrájanú mrkvu, nakrájané reďkovky a koriandr.

## 81. Jednoduchá hovädzia polievka Ramen

Porcie: 2

**Ingrediencie**

- 1-libra steak z boku
- 1-libra Choy Sum, nasekaná
- 4-5 strúčikov cesnaku, mletého
- 3-4 cibuľky, oddelené biele a zelené, nasekané
- 2 šálky húb Enoki, nakrájané na plátky
- 1 1-palcový kus zázvoru
- 4 polievkové lyžice Demi-Glace
- 4 polievkové lyžice pasty Miso
- 3 lyžice sójovej omáčky
- 2 polievkové lyžice Hoisin omáčky
- 2 balenia Ramen rezance, varené
- 3 lyžice oleja na varenie

**Pokyny :**

1. Pridajte trochu oleja na varenie do woku a opečte bravčové mäso z oboch strán, kým pekne nezhnedne. Odstráňte z woku a odložte.

2. Do veľkého hrnca pridajte 5-6 šálok vody, cesnak, sójovú omáčku, Demi-glace, zázvor, šampiňóny, omáčku hoisin, choy chum a bielky z cibuľky a varte do zmäknutia.

3. Teraz pridajte vyprážané bravčové mäso a prikryte pokrievkou a znova varte 10-12 minút.

4. Teraz pridajte miso a rezance, znova priveďte do varu.

5. Naberajte do misiek a navrch položte cibuľovú zeleň.

# 82. Rybia polievka Ramen

Porcie: 2

## Ingrediencie

- 2 stredné rybie filé nakrájané na 2-palcové plátky
- ¼ šálky jarnej cibuľky, nakrájanej
- 3 mrkvy, olúpané, nakrájané na plátky
- 2 balíčky ramen rezancov
- 1 lyžička soli
- 4-5 strúčikov cesnaku, mletého
- 2 lyžice oleja na varenie
- ¼ lyžičky čierneho korenia
- 4 šálky kuracieho vývaru
- 2 lyžice sójovej omáčky
- 2 lyžice rybacej omáčky

**Pokyny** :

1. Do hrnca pridajte kurací vývar, cesnak, olej na varenie, soľ a korenie a nechajte zovrieť.

2. Pridajte mrkvu, prikryté varte 5-8 minút na strednom ohni.

3. Pridajte ryby, cibuľu a rezance, varte 3-4 minúty alebo kým nie sú hotové.

4. Pridajte trochu rybacej omáčky a sójovej omáčky, premiešajte.

5. Podávajte horúce.

## 83. Krevetová rezancová polievka

Porcie: 1

**Ingrediencie**

- 5-6 kreviet
- 1 balenie rezancov s korením
- ¼ lyžičky soli
- 1 lyžica rastlinného oleja
- 2-3 strúčiky cesnaku, mleté
- 2 šálky kuracieho vývaru

**Pokyny :**

1. V hrnci zohrejte trochu oleja a 30 sekúnd opečte nasekaný cesnak.

2. Pridajte krevety a za stáleho miešania smažte 4 minúty.

3. Pridajte všetky koreniny, rezance a vodu, priveďte do varu 3-4 minúty.

4. Vložte do servírovacej misy.

## 84. Ramen polievka s hubami

Porcie: 2

**Ingrediencie**

- 2 šálky špenátových listov
- 2 balenia ramen rezancov
- 3 šálky zeleninového vývaru
- 3-4 strúčiky cesnaku, mleté
- ¼ lyžičky cibuľového prášku
- Soľ a korenie, podľa chuti
- 1 lyžica rastlinného oleja
- ¼ šálky jarnej cibuľky, nakrájanej
- 3-4 huby, nakrájané

**Pokyny :**

1. Pridajte zeleninový vývar, soľ, olej a cesnak do hrnca a varte 1-2 minúty.
2. Teraz pridajte rezance, huby, jarnú cibuľku, špenát a čierne korenie a varte 2-3 minúty.
3. Užite si horúce.

## 85. Hubová polievka Ramen

Porcie: 2

## Ingrediencie

- 2 šálky šampiňónov, nakrájané na plátky
- 2 balíčky ramen rezancov
- 1 lyžička čierneho korenia
- 2 lyžice horúcej omáčky
- 2 lyžice sójovej omáčky
- 1 lyžica worcesterskej omáčky
- ¼ lyžičky soli
- 3 šálky zeleninového vývaru
- 1 cibuľa, nakrájaná
- 2 lyžice čili omáčky
- 2 lyžice arašidového oleja

## Pokyny :

1. V hrnci rozohrejeme olej a šampiňóny opekáme 5-6 minút na miernom ohni.

2. Pridajte vývar, soľ, korenie, horúcu omáčku, worčestrovú omáčku, cibuľu a sójovú omáčku, dobre premiešajte. Varte niekoľko minút.

3. Pridajte rezance a varte 3 minúty.

4. Po dokončení preložte do servírovacej misy a polejte chilli omáčkou.

5. Užite si to.

## 86. Tekvicové kari s pikantnými semienkami

## Ingrediencie

e) 3 šálky tekvice – nakrájanej na 1 – 2 cm kúsky
f) 2 polievkové lyžice oleja
g) ½ lyžice horčičných semienok
h) ½ polievkovej lyžice semien rasce
i) Štipka asafetida
j) 5 – 6 kari listov
k) ¼ polievková lyžica semienok senovky gréckej
l) 1/4 polievkovej lyžice semien feniklu
m) 1/2 polievkovej lyžice strúhaného zázvoru
n) 1 polievková lyžica tamarindovej pasty
o) 2 polievkové lyžice – suchý, mletý kokos
p) 2 polievkové lyžice pražených mletých arašidov
q) Soľ a hnedý cukor alebo jaggery podľa chuti
r) Čerstvé listy koriandra

## Inštrukcie

- Rozpálime olej a pridáme horčičné semienka. Keď vypuknú, pridajte rascu, senovku grécku, asafetidu, zázvor, kari listy a fenikel. Varte 30 sekúnd.
- Pridajte tekvicu a soľ. Pridajte tamarindovú pastu alebo vodu s dužinou vo vnútri. Pridajte jaggery alebo hnedý cukor. Pridajte mletý kokos a arašidový prášok. Varte ešte niekoľko minút. Pridajte čerstvý nasekaný koriander.

# 87. Tamarind Fish Curry

Podáva 4

**Ingrediencie**

i) 11/2 libry, síh, nakrájaný na kúsky
j) 3/4 lyžičky a 1/2 lyžičky prášku z kurkumy
k) 2 čajové lyžičky tamarindovej dužiny, namočené v 1/4 šálky horúcej vody na 10 minút
l) 3 lyžice rastlinného oleja
m) 1/2 čajovej lyžičky čiernych horčičných semienok
n) 1/4 lyžičky semienok senovky gréckej
o) 8 čerstvých kari listov
p) veľká cibuľa, mletá
q) Zelené čili papričky Serrano so semienkami a mleté
r) malé paradajky, nakrájané
s) 2 sušené červené čili papričky, nahrubo nasekané
t) 1 lyžička koriandrových semienok, nahrubo pomletých
u) 1/2 šálky nesladeného sušeného kokosu
v) Stolová soľ, podľa chuti
w) 1 šálka vody

**Inštrukcie**

a) Vložte rybu do misky. Dobre potrite 3/4 lyžičky kurkumy a nechajte asi 10 minút bokom. Opláchnite a osušte.
b) Tamarind sceďte a tekutinu odstavte. Zvyšky zlikvidujte.
c) Vo veľkej panvici zohrejte rastlinný olej. Pridajte horčičné semienka a senovku grécku. Keď začnú prskať, pridajte

kari listy, cibuľu a zelené čili. Duste 7 až 8 minút alebo kým cibuľa dobre nezhnedne.

d) Pridajte paradajky a varte ďalších 8 minút, alebo kým sa olej nezačne oddeľovať od bokov zmesi. Pridajte zvyšnú 1/2 čajovej lyžičky kurkumy, červené čili, semienka koriandra, kokos a soľ; dobre premiešajte a varte ďalších 30 sekúnd.

e) Pridajte vodu a precedený tamarind; priviesť do varu. Znížte teplotu a pridajte rybu. Varte na miernom ohni 10 až 15 minút alebo kým ryba nie je úplne uvarená. Podávajte horúce.

## 88. Losos v kari s príchuťou šafranu

Podáva 4

**Ingrediencie**

- 4 lyžice rastlinného oleja
- 1 veľká cibuľa nakrájaná nadrobno
- lyžička zázvorovo-cesnakovej pasty
- 1/2 lyžičky červeného čili prášku
- 1/4 čajovej lyžičky prášku z kurkumy
- lyžičky koriandrového prášku
- Stolová soľ, podľa chuti
- 1-libra lososa, vykosteného a
- kocky
- 1/2 šálky bieleho jogurtu, vyšľahaný
- 1 lyžička pečeného šafranu

**Inštrukcie**

a) Vo veľkej nepriľnavej panvici zohrejte rastlinný olej. Pridajte cibuľu a restujte 3 až 4 minúty alebo kým nebude priehľadná. Pridajte zázvorovo-cesnakovú pastu a restujte 1 minútu.

b) Pridajte červený čili prášok, kurkumu, koriander a soľ; dobre premiešame. Pridajte lososa a duste 3 až 4 minúty. Pridajte jogurt a znížte teplotu. Dusíme, kým sa losos neprepečie. Pridajte šafran a dobre premiešajte. Varte 1 minútu. Podávajte horúce.

## 89. Okra Curry

## Ingrediencie

- 250 g okry (dámsky prst) – nakrájajte na jeden cm kúsky
- 2 polievkové lyžice strúhaného zázvoru
- 1 polievková lyžica horčičných semienok
- 1/2 lyžičky rascových semienok
- 2 polievkové lyžice oleja
- Soľ podľa chuti
- Štipka asafetida
- 2 – 3 polievkové lyžice praženého arašidového prášku
- Listy z koriandra

## Inštrukcie

a) Rozpálime olej a pridáme horčičné semienka. Keď prasknú, pridajte rascu, asafetidu a zázvor. Varte 30 sekúnd.

b) Pridajte okra a soľ a miešajte, kým sa neuvarí. Pridajte arašidový prášok, varte ďalších 30 sekúnd.

c) Podávame s listami koriandra.

## 90. Zeleninové kokosové kari

## Ingrediencie

- 2 stredne veľké zemiaky, nakrájané na kocky
- 1 1/2 šálky karfiolu – nakrájaného na ružičky
- 3 paradajky nakrájané na veľké kúsky
- 1 polievková lyžica oleja
- 1 polievková lyžica horčičných semienok
- 1 polievková lyžica semien rasce
- 5 – 6 kari listov
- Štipka kurkumy – voliteľné
- 1 polievková lyžica strúhaného zázvoru
- Čerstvé listy koriandra
- Soľ podľa chuti
- Čerstvý alebo sušený kokos – strúhaný

## Inštrukcie

a) Zahrejte olej a potom pridajte horčičné semienka. Keď vyskočia, pridajte zvyšné korenie a varte 30 sekúnd.
b) Pridajte karfiol, paradajky a zemiaky plus trochu vody, prikryte a duste za občasného miešania, kým sa neuvaria. Mala by zostať trochu tekutiny. Ak chcete suché kari, potom smažte niekoľko minút, kým sa voda neodparí.
c) Pridáme kokos, soľ a lístky koriandra.
d)

# 91. Základné zeleninové kari

Ingrediencie:

- 250 g zeleniny - nakrájané
- 1 lyžička oleja
- ½ lyžičky horčičných semienok
- ½ lyžičky rascových semien
- Štipka asafetida
- 4 – 5 kari listov
- ¼ lyžičky kurkumy
- ½ lyžičky koriandrového prášku
- Štipka čili prášku
- Strúhaný zázvor
- Čerstvé listy koriandra
- Cukor / jaggery a soľ podľa chuti
- Čerstvý alebo sušený kokos

Inštrukcie

a) Zeleninu nakrájajte na malé kúsky (1 – 2 cm) v závislosti od zeleniny.

b) Zahrejte olej a potom pridajte horčičné semienka. Keď vyskočia, pridajte rascu, zázvor a zvyšné korenie.

c) Pridajte zeleninu a varte. V tomto momente možno budete chcieť smažiť zeleninu, kým nie je uvarená, alebo pridať trochu vody, zakryť hrniec a dusiť.

d) Keď je zelenina uvarená, pridajte cukor, soľ, kokos a koriander

## 92. Black Eye fazuľa a kokosové kari

## Ingrediencie

- ½ šálky čiernej fazule, naklíčenej, ak je to možné
- 2 šálky vody
- 1 polievková lyžica oleja
- 1 polievková lyžica horčičných semienok
- 1 polievková lyžica semien rasce
- 1 polievková lyžica asafetida
- 1 polievková lyžica strúhaného zázvoru
- 5 – 6 kari listov
- 1 polievková lyžica kurkumy
- 1 polievková lyžica koriandrového prášku
- 2 paradajky - nakrájané
- 1 – 2 polievkové lyžice. pražený arašidový prášok
- Čerstvé listy koriandra
- Čerstvý kokos, strúhaný
- Cukor a soľ podľa chuti

## Inštrukcie

a) Namočte fazuľu do vody na 6 – 8 hodín alebo cez noc. Fazuľu uvaríme v tlakovom hrnci alebo uvaríme v hrnci.
b) Rozpálime olej a pridáme horčičné semienka. Keď prasknú, pridajte rascu, asafetidu, zázvor, kari listy, kurkumu a koriander. Pridajte pražený arašidový prášok a paradajky.
c) Pridajte fazuľu a vodu. Pokračujte v občasnom miešaní, kým sa dôkladne neuvarí.

d) V prípade potreby pridajte viac vody. Podľa chuti pridáme cukor a soľ, ozdobíme lístkami koriandra a kokosom.
e)

# 93. Kapustové kari

## Ingrediencie

g) 3 šálky kapusty – strúhanej

h) 1 lyžička oleja

i) 1 lyžička horčičných semienok

j) 1 lyžička semien rasce

k) 4 – 5 kari listov

l) Štipka kurkumy je voliteľná

m) 1 lyžička strúhaného zázvoru

n) Čerstvé listy koriandra

o) Soľ pre chuť

p) Voliteľné – ½ šálky zeleného hrášku

## Inštrukcie

a) Zahrejte olej a potom pridajte horčičné semienka. Keď vyskočia, pridajte zvyšné korenie a varte 30 sekúnd.

b) Pridajte kapustu a inú zeleninu, ak ju používate, za občasného miešania, kým sa úplne neuvarí. V prípade potreby je možné pridať vodu.

c) Pridajte soľ podľa chuti a lístky koriandra.

## 94. Karfiolové kari

## Ingrediencie

- 3 šálky karfiolu – nakrájaného na ružičky
- 2 paradajky - nakrájané
- 1 lyžička oleja
- 1 lyžička horčičných semienok
- 1 lyžička semien rasce
- Štipka kurkumy
- 1 lyžička strúhaného zázvoru
- Čerstvé listy koriandra
- Soľ podľa chuti
- Čerstvý alebo sušený kokos – strúhaný

## Inštrukcie

- Zahrejte olej a potom pridajte horčičné semienka. Keď vyskočia, pridajte zvyšné korenie a varte 30 sekúnd. Ak používate, pridajte paradajky v tomto bode a varte 5 minút.

- Pridajte karfiol a trochu vody, prikryte a duste za občasného miešania, kým sa dôkladne neuvarí. Ak chcete suchšie kari, v posledných minútach odstráňte pokrievku a vyprážajte. V posledných minútach pridajte kokos.

## 95. Karfiol a zemiakové kari

**Ingrediencie:**

- 2 šálky karfiolu – nakrájaného na ružičky
- 2 stredne veľké zemiaky, nakrájané na kocky
- 1 lyžička oleja
- 1 lyžička horčičných semienok
- 1 lyžička semien rasce
- 5 – 6 kari listov
- Štipka kurkumy – voliteľné
- 1 lyžička strúhaného zázvoru
- Čerstvé listy koriandra
- Soľ podľa chuti
- Čerstvý alebo sušený kokos – strúhaný
- Citrónová šťava - podľa chuti

**Inštrukcie**

a) Zahrejte olej a potom pridajte horčičné semienka. Keď vyskočia, pridajte zvyšné korenie a varte 30 sekúnd.

b) Pridáme karfiol a zemiak plus trochu vody, prikryjeme a dusíme za občasného miešania takmer do varu. Odoberieme pokrievku a restujeme, kým sa zelenina neuvarí a voda sa neodparí. Pridáme kokos, soľ, lístky koriandra a citrónovú šťavu.

# Miešané zeleninové a šošovicové kari

Ingrediencie:

- ¼ šálky toor alebo mung dal
- ½ šálky zeleniny - nakrájanej na plátky
- 1 šálka vody
- 2 lyžičky oleja
- ½ lyžičky rascových semien
- ½ lyžičky strúhaného zázvoru
- 5 – 6 kari listov
- 2 paradajky - nakrájané
- Citrón alebo tamarind podľa chuti

- Jaggery podľa chuti
- ½ soli alebo podľa chuti
- Sambhar masala
- Listy z koriandra
- Čerstvý alebo sušený kokos

**Inštrukcie**

a) Varte spolu toordal a zeleninu v tlakovom hrnci 15 - 20 minút (1 hvizd) alebo v hrnci.

b) V samostatnej panvici zohrejte olej a pridajte kmín, zázvor a kari listy. Pridajte paradajky a varte 3-4 minúty.

c) Pridajte zmes sambhar masala a zeleninovú dal zmes.

d) Povarte spolu minútu a potom pridajte tamarind alebo citrón, džem a soľ. Varte ešte 2-3 minúty . Ozdobte kokosom a koriandrom

## 96. Zemiakové, karfiolové a paradajkové kari

## Ingrediencie:

- 2 stredne veľké zemiaky, nakrájané na kocky
- 1 1/2 šálky karfiolu, nakrájaného na ružičky
- 3 paradajky nakrájané na veľké kúsky
- 1 lyžička oleja
- 1 lyžička horčičných semienok
- 1 lyžička semien rasce
- 5 – 6 kari listov
- Štipka kurkumy – voliteľné
- 1 lyžička strúhaného zázvoru
- Čerstvé listy koriandra
- Čerstvý alebo sušený kokos – strúhaný

## Inštrukcie

f) Zahrejte olej a potom pridajte horčičné semienka. Keď vyskočia, pridajte zvyšné korenie a varte 30 sekúnd.

g) Pridajte karfiol, paradajky a zemiaky plus trochu vody, prikryte a duste za občasného miešania, kým sa neuvaria. Pridáme kokos, soľ a lístky koriandra.

# 97. Tekvicové kari

**Ingrediencie:**

- 3 šálky tekvice – nakrájanej na 1 – 2 cm kúsky
- 2 lyžičky oleja
- ½ lyžičky horčičných semienok
- ½ lyžičky rascových semien
- Štipka asafetida
- 5 – 6 kari listov
- ¼ lyžičky semienok senovky gréckej
- 1/4 lyžičky semien feniklu
- 1/2 lyžičky strúhaného zázvoru
- 1 lyžička tamarindovej pasty
- 2 polievkové lyžice – suchý, mletý kokos
- 2 polievkové lyžice pražených mletých arašidov
- Soľ a hnedý cukor alebo jaggery podľa chuti
- Čerstvé listy koriandra

**Inštrukcie**

f) Rozpálime olej a pridáme horčičné semienka. Keď vypuknú, pridajte rascu, senovku grécku, asafetidu, zázvor, kari listy a fenikel. Varte 30 sekúnd.

g) Pridajte tekvicu a soľ.

h) Pridajte tamarindovú pastu alebo vodu s dužinou vo vnútri. Pridajte jaggery alebo hnedý cukor.

i) Pridajte mletý kokos a arašidový prášok. Varte ešte niekoľko minút.

j) Pridajte čerstvý nasekaný koriander.

## 98. Smažte zeleninu

## Ingrediencie:

- 3 šálky nakrájanej zeleniny
- 2 lyžičky strúhaného zázvoru
- 1 lyžička oleja
- ¼ lyžičky asafetida
- 1 polievková lyžica sójovej omáčky
- Čerstvé bylinky

## Inštrukcie

h) Na panvici rozohrejeme olej. Pridajte asafetidu a zázvor. Smažte 30 sekúnd.

i) Pridajte zeleninu, ktorá sa musí variť najdlhšie, ako sú zemiaky a mrkva. Smažte minútu a potom pridajte trochu vody, prikryte a duste do polovice varenia.

j) Pridajte zvyšnú zeleninu, ako sú paradajky, sladká kukurica a zelené korenie. Pridajte sójovú omáčku, cukor a soľ. Prikryjeme a dusíme takmer do varenia.

k) Odstráňte veko a smažte ešte niekoľko minút.

l) Pridajte čerstvé bylinky a nechajte pár minút, aby sa bylinky zmiešali so zeleninou.

# 99. Paradajkové kari

Ingrediencie:

- 250 g paradajok - nakrájaných na jeden palec
- 1 lyžička oleja
- ½ lyžičky horčičných semienok
- ½ lyžičky rascových semien
- 4 – 5 kari listov
- Štipka kurkumy
- Štipka asafetida
- 1 lyžička strúhaného zázvoru
- 1 zemiak – uvarený a roztlačený – voliteľné – na zahustenie
- 1 až 2 polievkové lyžice praženého arašidového prášku
- 1 polievková lyžica suchého kokosu – voliteľné
- Cukor a soľ podľa chuti
- Listy z koriandra

Inštrukcie

a) Rozpálime olej a pridáme horčičné semienka. Keď vypuknú, pridajte rascu, kari listy, kurkumu, asafetidu a zázvor. Varte 30 sekúnd.

b) Pridajte paradajky a pokračujte v občasnom miešaní, kým sa neuvaria. Pre tekutejšie kari je možné pridať vodu.

c) Pridajte pražený arašidový prášok, cukor, soľ a kokos, ak používate, plus zemiakovú kašu. Varte ďalšiu minútu. Podávame s listami čerstvého koriandra.

## 100. Kari z bielej tekvice

**Ingrediencie:**

- 250 g ra ms' bielej tekvice
- 1 lyžička oleja
- ½ lyžičky horčičných semienok
- ½ lyžičky rascových semien
- 4 – 5 kari listov
- Štipka kurkumy
- Štipka asafetida
- 1 lyžička strúhaného zázvoru
- 1 až 2 polievkové lyžice praženého arašidového prášku
- Hnedý cukor a soľ podľa chuti

**Inštrukcie**

- Rozpálime olej a pridáme horčičné semienka. Keď vypuknú, pridajte rascu, kari listy, kurkumu, asafetidu a zázvor. Varte 30 sekúnd.
- Pridáme bielu tekvicu, trochu vody, prikryjeme a dusíme za občasného miešania, kým sa neuvarí.
- Pridajte pražený arašidový prášok, cukor a soľ a varte ďalšiu minútu.

# ZÁVER

Teplé, výdatné a ľahko sa kombinujú, zútulniť sa jedným z týchto jedál je tak uspokojujúce. Hlavným rozdielom medzi polievkou a polievkou je množstvo tekutiny, ktorú obsahujú. Zatiaľ čo polievky obsahujú dostatok tekutiny na varenie, aby naplnili misku a umožnili jej ingredienciám plávať, polievky obsahujú len trochu tekutiny na varenie, aby sa ostatné ingrediencie uvarili. Chilli sa považuje za typ polievky kvôli jej nízkemu obsahu tekutín a zvyčajne sa vyrába z chilli alebo chilli prášku.

www.ingramcontent.com/pod-product-compliance
Lightning Source LLC
Chambersburg PA
CBHW070644120526
44590CB00013BA/840